LES
PREMIERS COMBATS
DE 1814

PROLOGUE DE LA CAMPAGNE DE FRANCE
DANS LES VOSGES

PAR

FÉLIX BOUVIER

AVEC UN PORTRAIT ET UNE CARTE

PARIS
LIBRAIRIE LÉOPOLD CERF
13, RUE DE MÉDICIS, 13

1895

LES

PREMIERS COMBATS DE 1814

OUVRAGES DU MÊME AUTEUR .

———

Les Vosges pendant la Révolution (1789-1800);
avec trois portraits et reproduction d'une estampe du
temps, 1 vol. in-8° (Berger-Levrault et Cⁱᵉ).

La Défense de Rambervillers en 1870 ; une
plaquette in-12, avec plan (Berger-Levrault et Cⁱᵉ).

Histoire et Biographie générale Vosgienne
(Em. Busy, Épinal).

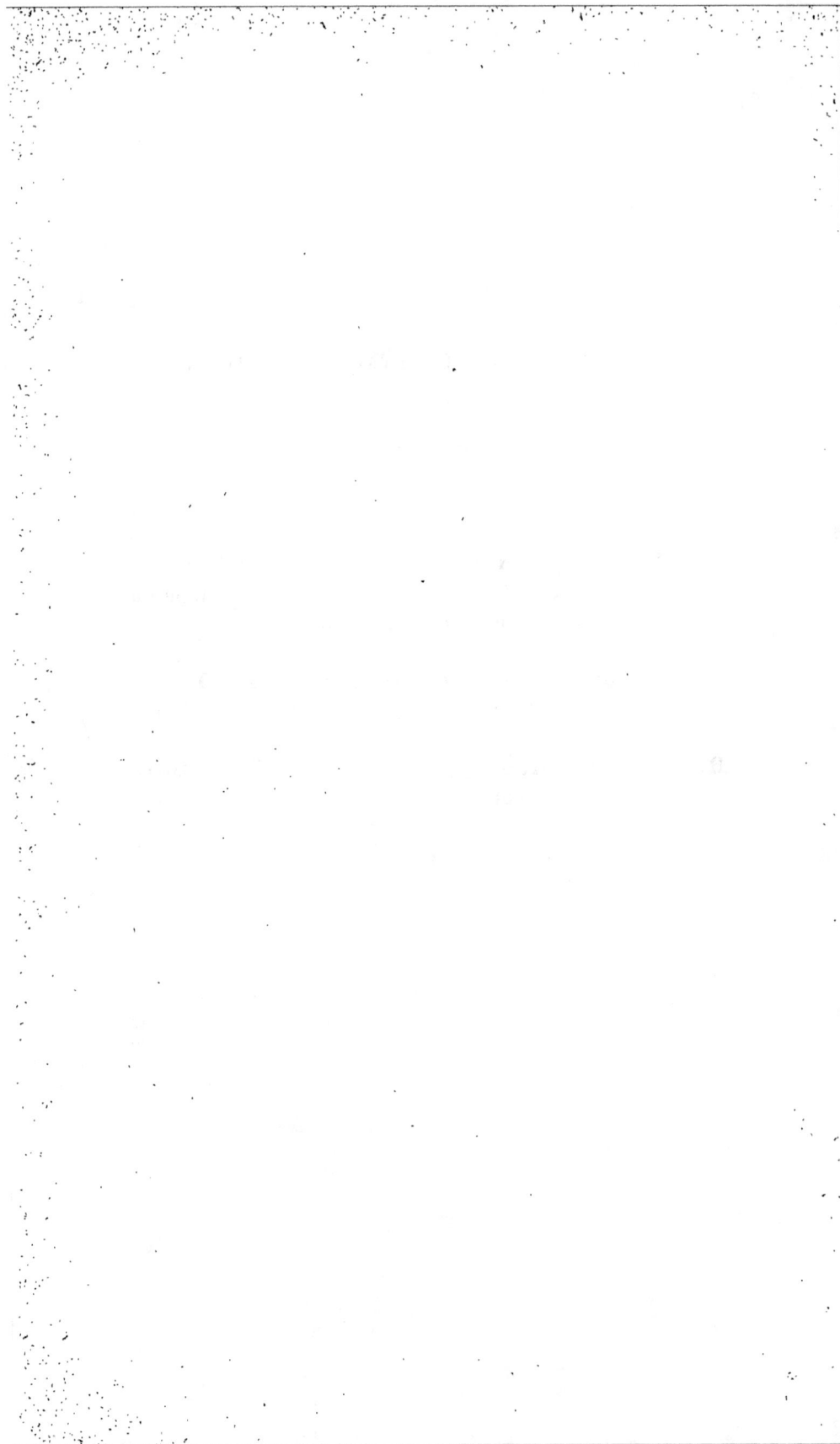

LES
PREMIERS COMBATS
DE 1814

PROLOGUE DE LA CAMPAGNE DE FRANCE

DANS LES VOSGES

PAR

Félix BOUVIER

AVEC UN PORTRAIT ET UNE CARTE

PARIS

LIBRAIRIE LÉOPOLD CERF

13, RUE DE MÉDICIS, 13

1895

MARÉCHAL VICTOR, DUC DE BELLUNE

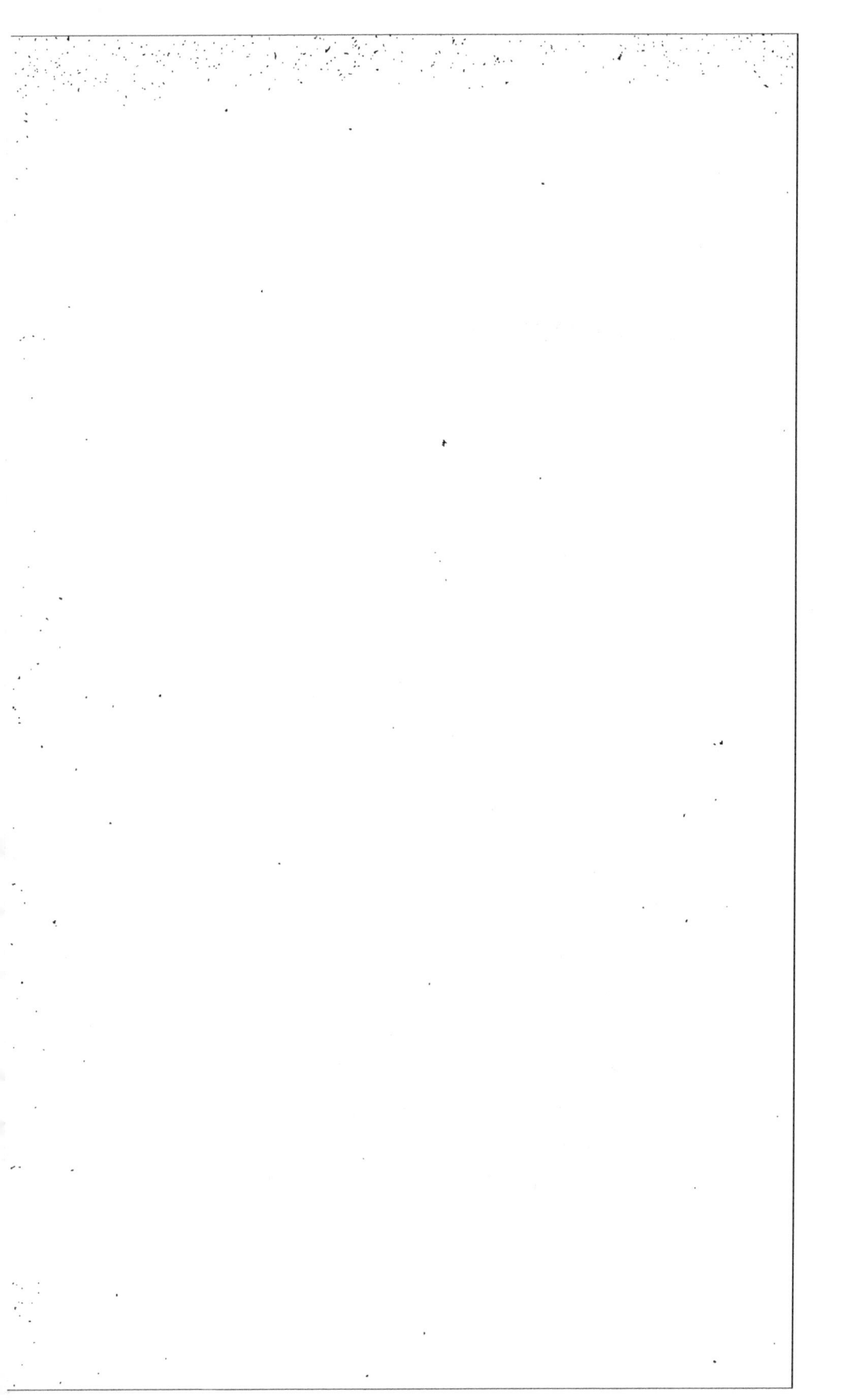

LES

PREMIERS COMBATS DE 1814

CHAPITRE PREMIER

PASSAGE DU RHIN PAR LES ALLIÉS. — L'INVASION
EN ALSACE. — LES COSAQUES PÉNÈTRENT DANS
LES VOSGES. — COMBAT DE RUPT ET OCCUPATION
DE REMIREMONT.

Dans la nuit du 20 au 21 décembre 1813,
l'ennemi, violant la neutralité suisse, avait
franchi le Rhin à Bâle ; la Grande-Armée de
Bohême, commandée par le généralissime
feld-maréchal Prince de Schwarzenberg,
allait s'étendre sur la Suisse, l'Alsace, la
Lorraine, la Franche-Comté, la Bourgogne,
jusqu'à Lyon.

Le maréchal Ney était à Nancy avec les
débris du 3e corps ; le maréchal Marmont,

dans le Palatinat, avec le 6ᵉ corps, se préparait à s'abriter derrière la Sarre en raison du passage du Rhin effectué le 31 décembre entre Mayence et Coblentz par Blücher à la tête de la Grande-Armée de Silésie, et à venir occuper, dans la banlieue à l'est de Metz, ces villages de Borny et de Noisseville destinés à acquérir, cinquante-six ans plus tard, une si triste célébrité; le vieux maréchal Kellermann, à Metz même, organisait les nouvelles levées, avec l'appui de divisions de la Jeune-Garde; le maréchal Macdonald, avec le 11ᵉ corps, battait lentement en retraite de la Belgique sur la Flandre. Plus en arrière, le maréchal Mortier, avec la Vieille-Garde, s'avançait de Namur sur Langres, par Reims. Enfin, le 2ᵉ corps, commandé par le maréchal Victor, duc de Bellune, évoluait autour de Strasbourg. Il avait avec lui le général de Grouchy, commandant en chef la cavalerie de la Grande-Armée, depuis quelques jours seulement [1]. Grouchy n'avait d'ailleurs sous ses ordres directs, à ce

1. Le décret, portant nomination de Grouchy, est daté du 15 décembre 1813; la lettre du Ministre de la Guerre lui portant notification est du 18 décembre. (*Mémoires* du maréchal de Grouchy, t. III, p. 62).

moment, que le 5ᵉ corps de cavalerie fort de
3 divisions [1], commandé par le général Milhaud, qui battait l'estrade dans les vallées
du Haut-Rhin, s'éclairant sur la marche des
colonnes alliées qui venaient de passer ce
fleuve et cherchaient à joindre celles de l'armée de Blücher. Sa tâche y était facilitée par
le « dévouement exemplaire des bons et
braves Alsaciens » qui se prodiguèrent pour
éclairer et pour nourrir l'armée. « Il n'y
avait certes pas de meilleurs, de plus généreux, de plus braves Français dans toute la
France [2]. »

Le 22 décembre, le Vᵉ corps, commandé
par le feld-maréchal bavarois, comte de
Wrède, composé de 5 divisions [3], franchis-
sait le Rhin. Le IVᵉ corps que commandait le

1. 9ᵉ division de cavalerie légère : général Piré (brigades
Subervie et du Coëtlosquet ; 3ᵉ division de dragons : général de Briche (brigades de Montélégier et Ludot) ; 4ᵉ division de dragons : général L'héritier (brigades Gourlez
de Lamotte et Collaërt). — (États de situation ; Archives
Guerre).

2. Général Ph. de Ségur : *Mémoires*, t. III, p. 96-97.

3. Deux divisions autrichiennes (comte Antoine Hardegg
et baron Spleny) sous le commandement particulier du
lieutenant-général comte Frimont ; trois divisions bavaroises (comte Rechberg, comte Beckers et de Lamotte). —
36,900 hommes.

Prince-Royal Guillaume de Würtemberg, doublé du général de Franquemont, corps formé de 3 divisions exclusivement wurtembergeoises [1], ne passait le Rhin à Märkt que le 31 décembre. Enfin un corps entièrement composé de cavalerie russe [2] sous les ordres de l'hetman (ou ataman) comte Platoff, avait aussi franchi le Rhin à Bâle, la veille, 30 décembre. Ce corps était surtout destiné à opérer isolément, en avant et sur les flancs de l'armée, mais son chef, vieilli, surfait peut-être, ne devait pas renouveler les prodiges de célérité et d'audace qui l'avaient justement rendu célèbre pendant les campagnes de 1812 et de 1813 [3].

Ces trois corps devaient à peu près simultanément envahir les Vosges et servir de lien

1. Avant-garde, général Stockmayer; divisions prince Adam de Wurtemberg et Koch : 22,400 hommes. (La 1re division, prince Philippe de Hesse-Hombourg, n'avait pas rejoint).

2. Quatre brigades aux ordres des généraux-majors : Kaïssarow, Grékow, le 8e, Ilowaïski, le 10e, et Seslawin ; 3,900 cavaliers (d'après Plotho et le général Guillaume de Vaudoncourt, t. 1er, p. 108). On désigne parfois, mais inexactement, ce corps comme étant le VIIe de l'armée alliée.

3. Voir commandant Weil : *La cavalerie des armées alliées pendant la campagne de 1813.*

entre les deux grandes armées. Les Alliés s'i-
maginaient alors volontiers qu'en entrant en
France, ils entreprenaient une simple pro-
menade militaire et qu'il leur suffirait presque partout d'apparaître pour voir s'ouvrir
les portes des villes et chanceler les forte-
resses. Ils durent vite déchanter. Cette sorte
de prélude de l'immortelle campagne de
France qui se joua dans les Vosges ne devait
pas être dépourvue d'efforts qui, pour être
demeurés stériles, n'en sont pas moins di-
gnes d'intérêt.

La cavalerie, dès qu'elle eut atteint la rive
gauche du Rhin, avait aussitôt lancé des
partis dans la plaine d'Alsace. Dès le 24 décembre, ses avant-gardes avaient pris contact avec la cavalerie française et le colonel
Scheibler, à la tête de ses partisans, avait eu
ce jour-là, près de Sainte-Croix, un vif engagement avec les postes avancés du général
Milhaud; il y fut blessé à trois reprises et
l'un de ses colonels, le cosaque Elmorsin,
fait prisonnier, succomba le soir même des
suites de ses blessures.

Ce ne fut toutefois qu'une semaine plus
tard que la marche des colonnes ennemies
commença réellement. Un nouveau combat

de cavalerie eut lieu le 31 décembre, à Sainte-Croix, d'où le colonel autrichien baron Mengen débusqua la cavalerie légère du général Piré qui y était restée après l'escarmouche du 24 décembre. Renforcé par la division de dragons Lhéritier, Piré reprit Sainte-Croix et s'y maintint jusqu'à la nuit, puis se retira sans bruit, n'y laissant qu'un escadron de grand'garde.

Le 3 janvier 1814, le général de Wrède occupait Colmar sans combat. Le matin même, avisé de la marche en force de l'ennemi, le général Milhaud s'était replié sur Schlestadt, puis, par Sainte-Marie-aux-Mines, était allé s'adosser aux Vosges, laissant ainsi à découvert le flanc droit du maréchal Victor, toujours massé autour de Strasbourg.

Au surplus, à cette même date du 3 janvier, les premières colonnes des Alliés avaient déjà pénétré dans le département des Vosges et Remiremont était occupé.

En effet, l'un des détachements de cavalerie distraits, tant du corps de Platow que de celui du général Korff[1], et lancés à l'aventure

1. La division de cavalerie russe Korff, qui faisait partie du corps de Langeron, à l'armée de Silésie, avait cédé la brigade Stscherbatoff (ou Szerbatow) à l'armée de Bohême,

fort en avant des lignes, celui que dirigeait le général-major prince Stscherbatoff[1] parti d'Altkirch, avait gravi les Vosges par la vallée de Saint-Amarin et Thann, malgré le froid et la neige, et s'était enfoncé, par le col de Bussang. De là, descendant la vallée de la Moselle, sans rencontrer d'obstacles, il était venu avec l'intention de frapper aux portes de Remiremont qu'il savait ne pas être militairement occupée[2].

que Platoff n'avait pas encore rejoint (général de Vaudoncourt; tome 1er, page 109).

1. Il y avait deux généraux Stscherbatoff; l'autre était lieutenant-général à l'armée de Silésie. Le détachement Stscherbatoff consistait au début, en quatre régiments de cosaques, mais il avait reçu l'ordre d'en céder un à la colonne volante du lieutenant-colonel de hussards comte de Thurn et Taxis; il ne comptait donc plus que trois régiments (1er des cosaques de Tepter; 3e des cosaques d'Orenbourg; cosaques du Don Jagodin II) formant un total de 790 h. environ, tant officiers que soldats. (Commandant Weil, *Campagne de 1814*; tome 1er, page 28.)

2. « L'officier autrichien chargé de remettre le ministre de France en Suisse, M. Auguste de Talleyrand, à nos avants-postes, est venu avec lui jusqu'à Remiremont, près Plombières, sans trouver un seul soldat. Là il a dit à cet ambassadeur : « Monsieur, je ne sais pas où est votre armée. Comme je n'ai pas le temps d'aller la chercher jusqu'à Paris, nous allons nous rendre chez le Sous-Préfet, il me donnera un reçu de votre personne. » (*Journal du maréchal de Castellane*, tome 1er, p. 244, à la date du 12 janvier.)

Deux lieues à peu près avant cette ville, à la hauteur de Rupt, près du pont de Maxonchamp, le colonel cosaque Efimovitch, commandant l'avant-garde, se heurta à 80 cavaliers français (gendarmes, dragons et chasseurs) envoyés d'Epinal en exploration avec le lieutenant de gendarmerie Laurent [1], par le général Cassagne [2]. Ils furent prompte-

1. Laurent (Paul) né à Trondes (Meurthe), le 28 février 1778 ; soldat au 1er carabiniers, 1er novembre 1798 ; grenadier à cheval de la garde impériale, 13 mai 1802 ; brigadier, 22 septembre 1803 ; maréchal-des-logis, 21 décembre 1805 et chevalier de la légion d'honneur sur le champ de bataille d'Austerlitz (confirmé, 14 mars 1806), avait été nommé lieutenant à la 19e légion de gendarmerie (compie des Vosges, à la résidence de Neufchâteau) le 23 octobre 1811. Blessé de deux coups de lance au combat d'Epinal, le 11 janvier 1814, il s'efforça, aussitôt remis, de seconder les efforts des frères Brice et du capitaine Beltrand pour lever dans les Vosges des corps de partisans. Dénoncé par d'indignes Français, il fut arrêté dans la nuit du 4 au 5 mars 1814, à Epinal, envoyé à Colmar. puis à Passau en Bavière, d'où il ne revint que le 16 juin, Mis en non-activité (à la demi-solde) le 25 février 1816, il fut admis à la retraite comme capitaine, le 1er novembre 1828. Il mourut à Remiremont, le 10 novembre 1846 (Archives Guerre).

Le colonel Laurent (Pierre-Jules) chef de la 18e légion de gendarmerie, mort le 15 décembre 1885, et le lieutenant de zouaves, Pierre-Charles, tué devant Zaatcha en 1849, étaient ses fils.

2. C'était sans doute les 10 chasseurs à cheval arrivés à

ment culbutés et dispersés après un échange de coups de sabre et de lance, laissant sur le terrain un certain nombre de morts ; le reste (36 hommes) fut emmené prisonnier ; les cosaques n'avaient que 6 blessés [1].

Vers une heure de l'après-midi, Remiremont était occupé sans résistance et une forte patrouille cosaque était aussitôt dirigée sur Plombières où elle n'apercevait du reste aucun soldat français.

Mais à peine Stscherbatoff s'était-il installé dans sa facile conquête, qu'il apprenait que 600 hommes d'infanterie marchaient d'Epinal sur Remiremont ; que 250 cavaliers les sui-

---

Epinal le 1er janvier ; les 12 dragons avec 1 sous-officier et les 25 dragons dont il est question dans les trois dépêches envoyées le 2 janvier par le général Cassagne au général baron Lacoste, commandant la 4e division militaire à Nancy (Archives Guerre). C'est tout ce qu'il avait de monté ; il y avait joint probablement quelques gendarmes à cheval de la compagnie des Vosges (19e légion). Voir aussi Ch. Charton : *Souvenirs d'histoire vosgienne de 1814 à 1848*. (*Annales de la Société d'émulation des Vosges*, t. XIII, 3e cahier, année 1870, page 241). Léon Louis et Chevreux : *Le département des Vosges*, t. VII, p. 244.

1. Rapport du prince Stscherbatoff à Schwarzenberg ; de Remiremont, 3 janvier 1814 (cité par le commandant Weil : *La campagne de 1814, d'après les documents des Archives impériales et royales de la Guerre à Vienne*, tome 1er, page 42).

vaient et que 250 autres étaient incessamment attendus [1]. Le bruit était faux, mais il
y crut, et craignant d'être écrasé ou coupé,
il reprit de suite la route qu'il venait de par-
courir et se retira sur Bussang.

1. Rapport de Stscherbatoff, *ibidem*.

CHAPITRE II

LE GÉNÉRAL CASSAGNE ET LE PRÉFET HIMBERT DE FLÉGNY. — PRÉPARATIFS DE DÉFENSE A ÉPINAL. — ENTRÉE DES WURTEMBERGEOIS DANS LES VOSGES. — DEUXIÈME OCCUPATION DE REMIREMONT. — COMBAT D'ARCHES. — LE GÉNÉRAL DUVIGNAU.

La nouvelle de l'entrée de l'ennemi dans le département avait causé naturellement une certaine panique à Epinal. Déjà, dans la nuit de Noël, pendant qu'on célébrait la messe de minuit, le bruit répandu que l'ennemi était auprès d'Epinal, avait semé l'alarme dans la population qui s'était en toute hâte renfermée chez elle[1]. Aussi, chaque jour s'attendait-on à le voir apparaître en réalité. Cependant, lorsque parvint la nouvelle positive

1. Ch. Charton, *Souvenirs d'histoire vosgienne, ibidem.*, page 240.

que « quelques hussards avaient fait leur apparition à Bussang et volé le cheval d'un gendarme [1] », et qu'une lettre du préfet des Vosges, le baron Himbert de Flégny, transmettant une lettre du sous-préfet de Remiremont, vint confirmer le fait, l'alerte fut vive, on le conçoit, et stimulés par le préfet, très énergique fonctionnaire, les habitants et les autorités prirent immédiatement les mesures nécessaires. Le moins ému ne fut pas le général baron Cassagne, commandant le département, bien qu'il eût été prévenu vraisemblablement de l'arrivée probable de l'ennemi. Il requit aussitôt tous les gardes forestiers pour en former, avec les habitants d'Epinal, une compagnie franche qui devait se porter sans retard sur les points menacés [2]. Pour commander ces faibles troupes, le général Cassagne était réduit à désigner un capitaine de recrutement, qu'il jugeait « ferme et intelligent », pour se rendre au Ballon prendre la direction de la défense locale [3].

1. Général Cassagne à général Lacoste; d'Epinal, 2 janvier 1814 (Archives Guerre).
2. Général Cassagne à général Lacoste; d'Epinal, 2 janvier 1814 (Archives Guerre.)
3. Général Cassagne à général Lacoste ; d'Epinal, 2 jan-

« Je suis bien malheureux, écrivait-il, d'avoir
» d'aussi mauvais officiers [1]. »

Quant à lui, vieux et vaillant soldat, il ne
manquait ni de bonne volonté, ni de vigueur
morale, mais son invalidité, toute glorieuse
qu'elle fût, le trahissait. « Mes forces phy-
siques rendent ma volonté à peu près
nulle [2] », écrivait-il, et ce n'était que trop
vrai.

Resté valétudinaire après de nombreuses
et terribles blessures, paralysé d'une jambe,
le général Cassagne [3], bien que relativement

vier 1814 (Archives Guerre). Le nom de ce capitaine n'est
pas désigné dans la dépêche.

1. Général Cassagne à général Lacoste; d'Epinal, 2 janvier 1814 (Archives Guerre).

2. *Id., ibidem.*

3. Le général Cassagne (Pierre), né à Toulouse (Haute-
Garonne), le 27 décembre 1762, était un vieux soldat de
l'ancienne armée. Engagé dans le régiment d'Artois (48e) le
1er mars 1779, il ne passa lieutenant que le 31 mai 1792
et adjudant-major, le 1er janvier 1793. Chef du 1er bataillon
des volontaires de la Corrèze, le 1er nivôse an II (19 février
1794), il avait été nommé chef de la 7e demi-brigade légère, à la formation, le 6 messidor an II (24 juin 1794).
Passé chef de la 3e légère, le 21 ventôse an IV (11 mars
1796), il servit en Italie, y fut nommé général provisoire,
le 1er floréal an VIII (20 avril 1800) et confirmé général de
brigade, le 4 brumaire an IX (25 octobre 1800). Employé
dans les 27e et 12e divisions militaires, en Hollande, puis
commandant de l'île d'Aix en 1809, il avait été nommé, le

encore jeune, n'était pas en état d'exercer un commandement actif dans des circonstances si critiques, où il fallait déployer une ardeur pour ainsi dire surhumaine. En dépit de sa jambe, il allait quand même, autant qu'il le pouvait, mais c'était peu. Aussi, malgré ses propres efforts, malgré l'appui qu'il rencontrait près du préfet des Vosges, l'ancien conventionnel montagnard, Himbert, devenu baron de Flégny, le brave général se sentait découragé, impuissant, et ne savait trop où donner de la tête, ne sachant que s'alarmer et que réclamer des renforts qu'on ne pouvait lui accorder.

Secondé comme il était par un préfet aussi énergique qu'Himbert de Flégny, tout autre chef militaire aurait pu mieux assurer la défense du département.

Le préfet Himbert [1] ne se bornait pas, en effet, à administrer; il avait porté toute son

22 février 1812, sur sa demande, au commandement du département des Vosges. Il mourut à Nancy, le 26 novembre 1833.

1. Himbert (Louis-Alexandre), né à La Ferté-sous-Jouarre, le 12 décembre 1750, avait été officier des eaux et forêts de 1775 à 1790. Elu alors maire de la Ferté-sous-Jouarre, sa ville natale, et administrateur du département, il avait été élu, en septembre 1792, représentant du peuple

attention sur les mesures guerrières. Par ses
soins, non seulement les subsistances étaient
assurées, mais il s'efforçait avec un zèle infatigable d'exécuter ses instructions en ce qui
concernait la levée en masse et l'armement
des gardes nationales. Retrouvant toute sa
fougue de 1793, il tentait de provoquer un
soulèvement patriotique chez « ces Vosgiens
qui, autrefois, tenaient le premier rang » et
que « les chefs militaires étaient jaloux d'a-
voir » avec eux [1]. Mais, malgré son entrain,
ses appels chaleureux, sa confiance, il réus-
sissait peu, il en faut bien convenir. Comme
toute la France et plus que d'autres pays
peut-être, les Vosges avaient tout donné, et
leurs enfants et leur or; il ne restait plus

de Seine-et-Marne à la Convention; il y vota pour la dé-
tention du Roi, bien qu'il siégeât à la Montagne, et remplit avec fermeté diverses missions. Membre du Conseil
des Anciens en 1795, puis membre du Tribunat, il fut
nommé préfet des Vosges, le 10 février 1804 et n'y cessa
ses fonctions qu'en 1814, ayant bien près de dix ans
d'exercice. Après la Restauration, il se retira à la Ferté-
sous-Jouarre, et y mourut le 11 janvier 1825, onze ans jour
pour jour, à l'anniversaire de sa capture par les Cosaques.
L'Empire l'avait créé chevalier en 1808, baron de Flégny
le 14 février 1810, et officier de la Légion d'honneur.
1. Le Préfet des Vosges au comte Colchen, sénateur, à
Nancy; de Charmes, 7 janvier 1814 (Archives Guerre).

dans les campagnes que les adolescents, les vieillards et les infirmes. Epuisé par la conscription, abattu aussi par des revers inattendus, le paysan se montrait réfractaire à de nouveaux sacrifices. Le préfet Himbert le constatait avec douleur. Il est « impossible de faire la levée en masse ; l'organisation des compagnies franches a peu de succès[1] » ; il en cherchait la cause et croyait la trouver en ce qu'il n'avait « pas d'appuis », de troupes régulières, et que, grâce aux proclamations répandues à foison par l'ennemi, les populations se montraient moins défiantes, presqu'accueillantes vis-à-vis des Alliés, et que « la peur faisant ce que ne faisait pas le désir de la paix, chacun restait chez soi ». « C'est désespérant[2] », s'exclamait l'ardent préfet ; mais que ne considérait-il qu'il avait, depuis dix ans de séjour à Epinal, mis le pays en coupe réglée, au nom de l'Empereur, et que sa plus belle jeunesse avait été moissonnée sur tous les champs de bataille de l'Europe ou engloutie sous les neiges de la Russie !

Lui-même n'était pas non plus exempt d'ac-

[1]. Le Préfet des Vosges au comte Colchen, sénateur, à Nancy ; de Charmes, 7 janvier 1814 (Archives Guerre).

[2]. *Id., ibidem.*

cès de découragement et ajoutait-il trop souvent foi aux bruits alarmants qui circulaient;
sans qu'ils parvinssent cependant à ébranler
sa résolution. Mais il les communiquait au
général Cassagne qui n'en ressentait que plus
de désespoir de son impuissance. Les nouvelles favorables mêmes les trouvaient incré-
dules. C'est ainsi qu'un rapport du sous-préfet de Remiremont, erroné d'ailleurs, qui leur
annonçait que, dès le 2 janvier, l'ennemi
était retourné à Urbeis, sur l'autre versant
des Vosges, n'était accueilli qu'avec une extrême réserve et, comme le bruit leur paraissait fort incertain, ils ne cessaient de réclamer
avec insistance quelques troupes de ligne,
dont la présence seule, ils l'espéraient du
moins, suffirait à relever la confiance des
habitants. Ils avaient, du reste, raison de se
défier de ces bruits, démentis aussitôt que
nés, et la pointe hardie poussée le 3 janvier sur Remiremont par Stscherbatoff dé-
montrait amplement qu'il n'en était rien
du mouvement de retraite invraisemblable
signalé par le sous-préfet. Aussi, dès que
la nouvelle de l'occupation de Remiremont
parvint à Epinal, le général Cassagne, ne
répondant plus de la sécurité de l'adminis-

tration, le préfet, le sous-préfet de Remiremont, de Mortemart, et le général lui-même,
abandonnèrent la ville et vinrent se réfugier
à Nancy, près du sénateur comte Colchen [1]
chargé de l'irréalisable mission de soulever
les départements envahis. Le receveur général Doublat les y avait précédés [2].

Ils se croisèrent avec les renforts que le
général Lacoste, cédant à leurs appels réité-
rés, leur envoyait en toute diligence : 200 cavaliers tirés des dépôts, tout ce qu'il avait
sous la main à Nancy [3].

C'était trop tôt renoncer à la lutte ; ils s'en
aperçurent bien vite, puisqu'ils revinrent dès
le surlendemain à leur poste [4]. La situation
cependant s'était aggravée ; ce n'était plus
seulement une troupe de partisans se lançant
à corps perdu qui paraissait dans les Vosges,
c'était tout un corps d'armée.

1. Le comte Colchen au duc de Feltre, ministre de la
Guerre ; de Nancy, 5 janvier 1814 (Archives Guerre).

2. « Le receveur général d'Epinal est arrivé ici », général Defrance au général Belliard ; de Nancy, 3 janvier 1814,
7 h. 1/2 soir (Archives Guerre).

3. Général Defrance au général Belliard ; de Nancy,
3 janvier 1814, 7 h. 1/2 soir (Archives Guerre).

4. Le comte Colchen au duc de Feltre, ministre de la
Guerre ; de Nancy, 5 janvier 1814 (Archives Guerre).

Averti, par la nécessité où il s'était trouvé
d'évacuer rapidement Remiremont, de la cer-
titude d'une résistance dans les Vosges, bien
qu'elles fussent fort dégarnies de troupes, le
général Stscherbatoff ne se risqua plus aussi
en flèche et attendit à Bussang l'entrée en
ligne des têtes de colonne du IV° corps.

Dès le 4 janvier, en effet, aussitôt avisé
par Stscherbatoff de l'approche de renforts
français dans la vallée de la Moselle, le général en chef feld-maréchal prince de Schwarzenberg [1] avait, prescrit au Prince-Royal
Guillaume de Wurtemberg, qui était à Ober
bergheim, de se porter avec son corps d'armée, le IV°, sur Remiremont. Le Prince-
Royal [2], comprenant toute l'importance de cet

1. Le prince de Schwarzenberg (Charles-Philippe), né le
15 avril 1771, après avoir été aide-de-camp du feld-maréchal Clerfayt, dans les campagnes de 1792 à 1794, fut
nommé général-major en 1796 ; lieutenant-général, en
1800 ; ambassadeur d'Autriche en Russie en 1801, puis de
nouveau en 1809 ; il combattit cependant à Wagram, et
commanda, en 1812, le corps auxiliaire autrichien, qui
appuyait la Grande-Armée de Napoléon. Général de cavalerie en 1810, il fut promu feld-maréchal en 1813, où il
prit le commandement en chef des armées alliées. Après
1815, il devint à Vienne président du Conseil aulique de
guerre et mourut le 15 octobre 1820.

2. Le prince Frédéric-Charles-Guillaume de Würtemberg
était né le 27 septembre 1781 ; il était gendre du tsar

ordre, qui lui parvint dans la nuit, envoyait
dans la montagne le major von Seybold avec
trois compagnies du 2ᵉ bataillon du 6ᵉ régiment d'infanterie ; le capitaine von Nagel avec
un escadron du 2ᵉ régiment de cavalerie le
devançait [1]. Puis, après s'être concentré, les
5 et 6, à Cernay et à Rouffach, le Prince-
Royal se mettait en route, pressant la
marche de sa cavalerie pour ne pas être ex-
posé à la faire « séjourner plus que de raison dans la région si inhospitalière des
Vosges [2] » et aussi sans doute afin de secourir sans retard le général prince Stscherbatoff
fort compromis, si la population s'était sou-
levée contre l'envahisseur, ou si « une petite
arrière-garde tirait habilement parti du terrain accidenté et difficile de ces régions [3] ».

Paul Iᵉʳ. Devenu roi sous le nom de Guillaume Iᵉʳ, le
30 octobre 1816, il régna jusqu'à sa mort, le 25 juin 1864.
Son fils Charles Iᵉʳ lui succéda ; la reine Sophie de Hollande
était sa fille.

1. Colonel von Hiller : *Histoire de la campagne de 1814
contre la France et plus particulièrement de la part prise
aux opérations par les troupes wurtembergeoises.*

2. Prince royal de Würtemberg à Schwarzenberg ; d'O-
berbergheim, 5 janvier 1814 (cité par le commandant Weil :
Campagnes de 1814, tome Iᵉʳ, page 53).

3. Schwarzenberg au Prince Royal (commandant Weil,
page 53).

L'entreprenant Stscherbatoff avait d'ailleurs vite repris courage devant l'inaction des Français et sans attendre l'arrivée du gros du IVe corps qui ne pouvait atteindre Remiremont que le 9, quatre jours plus tard, dès qu'il se vit à portée d'un secours en infanterie, dont un bataillon venait d'arriver à Thann, il repartit en avant, et le 5 janvier il débouchait de nouveau sur Remiremont qu'il réoccupait sans coup férir [1]. Malgré la marche des forces wurtembergeoises qui devaient, le 6 [2], arriver en nombre à Bussang, cette pointe pleine de hardiesse était quelque peu imprudente et le général russe l'eût assurément payée cher, si une force armée plus sérieuse s'était trouvée organisée à ce moment, ou même si le général Cassagne fût demeuré à Epinal avec ses cavaliers et y eût montré un peu de décision.

Si sûr que fut Stscherbatoff de pouvoir se replier en cas d'échec et d'être couvert sur ses derrières, si nécessaire que fût son rôle d'éclairer et de couvrir le front du IVe corps, il était en contradiction formelle avec les

1. Commandant Weil : *Campagne de 1814*, tome Ier, page 54.
2. Le 8 janvier, d'après le colonel von Hiller.

prudentes instructions de Schwarzenberg qui, préoccupé avec raison, comme nous l'avons vu, du parti qu'une troupe française pouvait tirer des accidents du terrain, insistait pour que la cavalerie ne s'aventurât pas trop loin, trop longtemps seule, en avant de l'infanterie, car en ce cas elle courait le risque de se voir détruite ou enveloppée, même par une faible arrière-garde.

Ce danger pouvait être d'autant plus à redouter que le général Stscherbatoff, tellement enhardi par ses succès, et non content d'avoir pris possession de Remiremont, poussa incontinent jusqu'à Arches, dans l'espoir peut-être de percer jusqu'à Epinal, où il comptait se procurer vivres et fourrages pour les Wurtembergeois, ainsi que le portaient ses instructions[1].

Mais avant même d'atteindre Arches, il se trouvait aux prises vers Pouxeux avec 400 cavaliers[2]. C'était là tout ce qu'avait pu précipitamment réunir le général Achille Duvi-

1. Colonel comte Baillet de la Tour, chef d'état-major du IVe corps, à Stscherbatoff, 5 janvier 1814 (cité par le commandant Weil, tome Ier, p. 54).

2. Stscherbatoff à Schwarzenberg; d'Arches, 6 janvier 1814 (commandant Weil, tome Ier, p. 55).

gnau[1], arrivé de Nancy le matin même. Mais l'effectif de ce groupe de cavalerie ne devait pas, en réalité, s'élever à plus de 200 chevaux[2], d'après les indications les plus positives.

1. Le général baron Duvignau (Bernard-Etienne-Marie, dit Achille) était général de brigade depuis le 15 janvier 1795 (26 nivôse an III). Né à Mézières (Ardennes), le 19 septembre 1770, il appartenait à une vieille famille militaire, d'origine noble; son père était maréchal de camp du génie avant 1789. Lui-même, garde-du-corps à la compagnie de Noailles, le 29 novembre 1784, avait été aide-de-camp de son père, puis nommé capitaine de cavalerie, le 17 novembre 1788. Successivement aide-de-camp des généraux de Laroque et Rochambeau, en 1791, il avait été promu adjudant-général chef de bataillon, le 23 mai 1792, puis par Custine, adjudant-général chef de brigade, le 15 mai 1793. Chef d'état-major de l'armée de Mayence en 1794, il y avait été nommé général de brigade provisoire (10 décembre 1794), puis devint chef d'état-major de Barras et de Bonaparte au 13 vendémiaire à l'armée de l'Intérieur. Blessé d'une chute de cheval quelques jours avant Marengo, le premier Consul le destitua sans vouloir entendre ses explications; il le nomma cependant, en 1801, président du Conseil d'administration des hôpitaux militaires à Colmar. Ce ne fut qu'en 1814, que Kellermann l'employa, dans les Vosges d'abord, puis comme gouverneur de Longwy. Retraité, le 24 décembre 1814, le général Duvignau mourut dans la misère, à Paris, le 17 juin 1827.

2. Si Stscherbatoff évalue à 400 hommes le nombre des cavaliers qu'il rencontra à Pouxeux, le sénateur comte Colchen, qui assure en avoir prescrit l'envoi à Epinal (Colchen au général Clarke, ministre Guerre, de Nancy, 4 jan-

Si le nombre de ces cavaliers était peu considérable, leur chef, le général Duvignau, était un intrépide officier, évadé de Colmar à travers les mailles du filet tendu par les co-

vier 1814), dit bien que 100 hommes étaient déjà partis, et qu'il en a fait envoyer encore 200, soit 300 hommes, ce qui se rapproche du chiffre donné par le général russe. Le général Koch dit également 300 cavaliers, mais le général Defrance, en annonçant leur envoi dans les Vosges par le général Lacoste (général Defrance au général Belliard, colonel-général des cuirassiers, de Nancy, 3 janvier 1814, 7 h. 1/2 soir) en donne un dénombrement détaillé, qui ne peut guère laisser de doutes et d'où il ressort positivement que ce renfort se composait de 70 cuirassiers du 4e régiment ; 55 dragons du 22e régiment, 30 dragons du 19e, et 45 hussards du 1er régiment, soit en tout 200 hommes. Ces indications concordent d'ailleurs avec les états de pertes si soigneusement et intelligemment relevés aux Archives historiques du Ministère de la Guerre, par M. A. Martiniens et qui prouvent que les officiers atteints dans les combats d'Épinal appartenaient en effet aux quatre régiments désignés ci-dessus. Ces fractions de corps provenaient certainement des dépôts, car on voit, d'après les états de situation, le 4e cuirassiers, qui ne comptait plus alors que 158 hommes, figurer dans le 4e régiment provisoire de grosse cavalerie (division Bordesoulle); le 19e dragons faisait partie de la division Lhéritier (corps du général Milhaud) n'ayant plus qu'un effectif de 132 hommes, etc., etc.

Quant au maréchal Victor, il croyait que Duvignau avait eu 1200 hommes contre 15 à 1800 ennemis (général Grouchy à général Milhaud, de Baccarat, 7 janvier 1814 (Archives Guerre).

saques sur toute l'Alsace, et revenu en toute hâte reprendre sa place en première ligne. Vieux soldat de la République, laissé à l'écart sous l'Empire, rappelé depuis peu à l'activité, il brûlait du désir, moins de se signaler, que de prouver à celui qui l'avait méconnu si longtemps qu'il était fort capable de rendre d'aussi excellents services que les courtisans galonnés qui s'empressaient autour de Napoléon. Le général Cassagne, de plus en plus « impotent[1] », lui avait sans discussion abandonné le commandement et il était accouru de Nancy avec ses pelotons de cavalerie auxquels il avait adjoint les gendarmes à cheval du département commandés par le capitaine Dardenne[2] et l'intrépide lieutenant Laurent.

Arrivé à Epinal, il avait, sans débrider, poussé une reconnaissance dans la vallée de la Moselle, en amont de la ville, et c'est ainsi qu'il se heurta aux Cosaques.

Le lieutenant-colonel Nazaroff, comman-

1. Maréchal Kellermann à maréchal Berthier ; de Metz, 5 janvier 1814, matin (Archives Guerre).
2. Le capitaine Dardenne était un enfant du pays qui appartenait, depuis 1791, à la compagnie de gendarmerie des Vosges. Pour le lieutenant Laurent, voir plus haut, page 8, note 1.

dant les Cosaques de l'Oural, formant l'avant-garde, venait de surprendre et d'enlever, vers quatre heures du soir, une vedette et le poste français en grand' garde entre Arches et Pouxeux [1]. Soutenu par une partie du régiment des Cosaques de Tepter (150 homm.) [2], il continuait sa route et ne tardait pas à rencontrer, un peu en avant d'Arches, les 200 chevaux du général Duvignau. La bouillante valeur de celui-ci n'hésita pas, bien qu'il crût avoir à faire à 4,000 fantassins et 1,500 cosaques [3], il chargea avec ses faibles escadrons. L'engagement entre les deux cavaleries fut des plus chauds, « l'affaire extrêmement vive [4] », mais finalement les cavaliers français furent chassés du village d'Arches, et durent se retirer sous la protection du feu de 100 hommes d'infanterie embusqués dans les broussailles et dont la

1. Le Préfet des Vosges au comte Colchen; de Charmes, 7 janvier 1814 (Archives Guerre).

2. Stscherbatoff à Schwarzenberg ; d'Arches, 6 janvier, minuit ; cité par le commandant Weil, tome Ier, page 55.

3. Comte Colchen au général Clarke ; de Nancy, 4 janvier 1814, d'après une lettre du général Duvignau (Archives Guerre).

4. Comte Colchen au général Clarke; de Nancy, 4 janvier 1814, d'après une lettre du général Duvignau (Archives Guerre).

ferme contenance suspendit la poursuite de
l'ennemi [1]. La nuit survint alors, protégeant
la retraite des tirailleurs français qui, éva-
cuant Epinal, suivis par les autorités dans un
nouvel exode, reculèrent jusqu'à Charmes.

Au dire de l'ennemi, les Français auraient
eu, au combat d'Arches, beaucoup de tués et
12 prisonniers, alors que les Cosaques n'auraient eu que 3 blessés [2]. Le rapport du maréchal Kellermann [3] évalue, au contraire, les
pertes à 38 hommes blessés ou pris. Mais ce
qui semble moins vraisemblable encore que
ces chiffres manifestement exagérés, c'est
l'assertion du général ennemi, qu' « au nom-
» bre des prisonniers, il y avait 2 conscrits
» nouvellement incorporés, des Lyonnais.
» J'ai laissé retourner dans leur maison ces
» deux conscrits pour qu'ils disent chez eux
» que les troupes alliées ne viennent pas
» faire la guerre aux Français, qu'ils (sic) ne
» veulent aucun mal à l'habitant, mais qu'ils
» viennent pour ramener la paix et la tran-

1. Stscherbatoff à Schwarzenberg; d'Arches, 6 janvier
minuit, citée par le commandant Weil, tome 1er, p. 55.
2. Id., ibidem.
3. Maréchal Kellermann à maréchal Berthier; de Metz,
5 janvier 1814, matin (Archives Guerre).

» quillité pour le bonheur de la nation fran-
» çaise [1] ».

Appuyant davantage, le général ajoute :
« Ces gens ont toute la mauvaise volonté de
servir », et plus loin : « Les prisonniers que
je fais se croient heureux, car, disent-ils,
nous ne servirons plus [2] ». C'est là une opi-
nion qu'il convenait peut-être de ne pas gé-
néraliser, car si le prince russe s'était emparé
de deux fieffés poltrons, soldats de quelques
semaines, il devait éprouver, six jours plus
tard, aux coups qui lui furent portés par ces
mêmes cavaliers, si pleins « de mauvaise volonté de servir », que tous parmi eux ne par-
tageaient pas la couardise des deux conscrits
lyonnais, en supposant d'ailleurs qu'elle fût
absolument authentique.

Le général Duvignau se maintint, du reste,
pendant quelques heures encore, de sa personne, à Épinal; il y était le lendemain à
midi [3], afin de protéger le déménagement des
archives et le départ des diverses autorités
qui s'effectuait rapidement.

1. Stscherbatoff à Schwarzenberg ; d'Arches, 6 janvier
1814, minuit (commandant Weil, page 55).
2. Id., ibidem.
3. Comte Colchen au général Clarke, duc de Feltre ; de
Nancy, 5 janvier 1814 (Archives Guerre).

Ainsi, à cette date du 6 janvier 1814, l'avant-garde de l'armée alliée formée par les Cosaques était parvenue presqu'aux portes d'Épinal, puisqu'elle tenait la Moselle depuis sa source et qu'elle occupait fortement Arches, d'où son chef, le général prince Stscherbatoff, se proposait de marcher, le 7, sur Épinal, dès la pointe du jour [1], dans l'espoir de s'emparer facilement du chef-lieu des Vosges. On pouvait bien présumer en effet n'y rencontrer tout au plus que les vestiges du petit corps du général Duvignau, dispersé au combat de la veille.

1. Stscherbatoff à Schwarzenberg, cité par le commandant Weil, tome 1er, p. 55.

2.

CHAPITRE III

LA RÉSISTANCE S'ORGANISE A ÉPINAL. — RETRAITE
DE LA CAVALERIE DU GÉNÉRAL MILHAUD, PUIS DU
IIe CORPS DU MARÉCHAL VICTOR A TRAVERS LES
DÉFILÉS DES VOSGES. — LE PLAN DE NAPOLÉON
DEVENU INEXÉCUTABLE PAR SUITE DE CE RECUL.
— ÉTAT DU 2e CORPS. — LE GÉNÉRAL DE GROUCHY.

Sans être extrêmement favorable, la situation d'Épinal était cependant loin d'être dé-
sespérée. Tout d'abord, comme on l'a vu, le
général Duvignau s'y était replié, en fort bon
ordre avec ce qui lui restait de cavaliers ; en
outre la division de Jeune-Garde du général
Meunier (1re division de Voltigeurs), accou-
rue à marche forcée de Metz, était postée,
avec un effectif de 5,200 hommes, au pont
de Flavigny et à Nancy [1]. La première bri-

1. Maréchal Kellermann à maréchal Berthier ; de Metz,
5 janvier 1814, soir (Archives Guerre).

gade, celle du général Rousseau, était en
route et allait incessamment arriver à Épinal. Enfin, si les autorités des Vosges, mises
en fuite, d'abord par l'alerte de Remiremont
dès le 4 janvier et réfugiées à Nancy, puis
revenues, allaient de nouveau chercher un
abri à Charmes, il s'en fallait beaucoup que
la population spinalienne se fût laissé
abattre. Autant elle s'était montrée émue
lors du premier bruit de l'invasion survenu,
comme on sait, pendant la nuit de Noël, autant elle s'était ressaisie, et confiante, espérait dans le génie de l'Empereur qu'elle per-
sistait à considérer comme invincible. « Les
habitants d'Épinal montrent le meilleur esprit et secondent parfaitement le général
Duvignau, offrant des vivres aux soldats, fa-
briquant des cartouches [1]. »

Si les gardes nationaux insuffisamment
armés et exercés n'avaient pu, même avec
l'aide des gardes forestiers, assurer la défense des cols des Vosges, totalement dé-
pourvus de troupes régulières, la faute ne
leur en était guère imputable. L'impré-
voyance seule avait pu laisser ainsi sans

---

1. Comte Colchen au duc de Feltre ; de Nancy, 5 janvier
1814 (Archives Guerre).

aucuns préparatifs de défense des positions
admirables, à la conservation desquelles Napoléon attachait le plus grand prix.

Au reste, si l'on prenait en ville toutes
les précautions pour soustraire les papiers
des administrations et les fonctionnaires aux
mains de l'ennemi, il faut constater que l'intrépide préfet Himbert de Flégny qui avait
réintégré Épinal en compagnie du général
Cassagne, payait d'exemple et ne suivit que le
dernier le mouvement de retraite. Il resta
ferme à son poste pour ne le quitter, le 7
comme le 11, qu'en pleine fumée du combat,
bravant la mort et s'exposant, comme il ad-
vint, à une rigoureuse captivité.

Aussi bien, la marche audacieuse de l'ennemi avait subi un temps d'arrêt; on signalait même, mais à tort, son recul sur Remiremont[1]. Ce n'était certes pas l'escarmouche
d'Arches, si honorable qu'elle fût pour nos
armes, qui avait suspendu le mouvement en
avant des Cosaques et du IVe corps, puisqu'au
contraire Stscherbatoff méditait d'enlever
haut la main Épinal. Mais les nouvelles re-

1. Comte Colchen au duc de Feltre ; général de France
au général Belliard ; de Nancy, 5 janvier 1814 (Archives
Guerre).

çues du V⁰ corps (général de Wrède) avaient
donné l'éveil. La gauche du V⁰ corps devait
se souder en effet strictement à la droite du
IV⁰ corps pour s'avancer de concert, s'appor-
tant un mutuel appui. Or, le V⁰ corps, pénétrant dans les Vosges à la suite du corps de
cavalerie du général Milhaud, par le col de
Sainte-Marie-aux-Mines, avait rencontré dans
sa marche aux environs de Saint-Dié, une résistance inattendue pour lui, mais bien tar-
dive cependant de la part des cavaliers de
Milhaud qui n'avaient réussi qu'à dérober
leur contact et leur ligne de retraite à l'ennemi, sans chercher jamais à empêcher ou
arrêter sa marche.

Après le double combat de Sainte-Croix,
les 24 et 31 décembre 1813, et l'occupation
de Colmar le 5⁰ corps de cavalerie (général
Milhaud), avait en effet un peu précipitamment battu en retraite sur Schlestadt, et de
là sur Sainte-Marie-aux-Mines, puis, sans
temps d'arrêt, bien qu'il ne fût ni poursuivi,
ni suivi tout d'abord, l'ennemi ignorant
même la direction qu'il avait prise, il avait
repassé le faîte des Vosges, sans chercher à
en défendre les défilés, tâche qui incombait
peu, il est vrai, à la cavalerie, mais sans

même les rendre impraticables pour l'ennemi, sans retarder ou paralyser sa marche.

Dès le 5 janvier, il arrivait à Saint-Dié sans avoir été une minute inquiété dans sa course, ce qui démontre qu'il aurait pu certainement différer son mouvement rétrograde, et que s'il avait pris peur un peu trop vite, les timidités, les irrésolutions des envahisseurs n'étaient pas moindres que les siennes.

Quoi qu'il en soit, ce recul prématuré eut des conséquences aussi graves qu'incalculables pour l'Empereur en ce sens qu'il provoqua la retraite simultanée des troupes du 2e corps (maréchal Victor) et entraîna par suite l'entière évacuation de l'Alsace, avant qu'il fût possible d'y jeter les renforts que Napoléon organisait fiévreusement à Paris.

Ce simple mouvement anéantissait ainsi, sans la moindre chance de retour, la combinaison suprême par laquelle l'Empereur comptait chasser l'ennemi de la vallée du Rhin, lui barrer tout au moins, irrémédiablement la route de Paris, combinaison qui était à la veille de recevoir son commencement d'exécution quand la retraite intempestive du général Milhaud, doublée de celle du maréchal Victor, vint la rendre impossible.

Préoccupé en effet de la nécessité de
fermer la route à l'invasion au pied de la
chaîne des Vosges avant de songer à en défendre la crête, l'Empereur avait ordonné,
dès le 2 janvier[1] de renforcer autour de
Colmar les deux corps de cavalerie qu'il
supposait s'y trouver encore (ceux des généraux Bordesoulle et Milhaud, 1er et 5e), par
les deux divisions formant le 6e corps (maréchal Marmont) alors cantonnées sous les
murs de Metz. Toutes ces troupes, accrues
en outre d'une des divisions du 2e corps (la
1re, général Dufour) étaient placées sous les
ordres du maréchal Marmont, tandis que le
maréchal Victor avec ses deux autres divisions du 2e corps, délivré du soin de veiller
sur le Haut-Rhin, devait se maintenir à
Strasbourg, y réorganiser ses forces et pour-
voir à tous leurs besoins. Plus en arrière, le
maréchal Mortier se tenait à Langres, avec
les deux divisions de Vieille-Garde des généraux Friant et Michel. En outre deux divisions de la Jeune-Garde (voltigeurs) sous les

---

1. L'Empereur au maréchal Berthier, major-général ;
n°s 21,055 et 21,056 : *Correspondance de Napoléon Ier*,
tome XXVII.

ordres du général Curial, amenées de Metz
et de Luxembourg, se dirigeaient sur Épinal
pour y former une deuxième ligne de défense prête, sinon à se porter en avant à la
rescousse des maréchaux Marmont et Victor,
du moins à résister solidement sur les rives
de la Moselle et les plateaux de la Meuse, et
à empêcher ainsi la liaison entre les deux
armées alliées [1].

Mais à l'heure même où le plan de Napoléon fort habilement conçu, bien qu'un peu
tardif, était communiqué à ses lieutenants,
il devenait inexécutable par suite du mouvement rétrograde des troupes qui se mou-
vaient en Alsace.

Le maréchal Victor, duc de Bellune [2], bien

---

[1]. L'Empereur au maréchal Berthier, major-général,
nᵒˢ 21,055 et 21,056 : *Correspondance de Napoléon Iᵉʳ*,
tome XXVII.

[2]. Né à Lamarche, dans l'arrondissement de Neufchâteau, le 7 décembre 1764, Claude-Victor Perrin, plus
connu sous le nom de Victor, avait été musicien, puis
sous-officier au 4ᵉ régiment d'artillerie où servait le lieutenant Bonaparte. Lieutenant-colonel du 5ᵉ bataillon des
volontaires de la Drôme en 1792, il avait retrouvé Bonaparte au siège de Toulon, et avait encore combattu sous ses
yeux, en Italie, en 1796, puis à Marengo. La confiance per-
sonnelle de l'Empereur l'avait plus porté au grade de maréchal de France et au titre de duc de Bellune que ses

que Vosgien de naissance, et partant plus désigné en apparence que tout autre pour protéger les abords de sa terre natale, était atteint depuis les derniers revers de cet incurable découragement qui ne l'abandonna plus de tout le reste de la campagne et lui attira enfin de la part de Napoléon une disgrâce si rude et si justifiée quelques semaines plus tard, avant la bataille de Montereau.

Il faut dire aussi à sa décharge que le 2ᵉ corps était excessivement réduit et composé d'éléments fort disparates. Sur 27,631 hommes Français et 933 Belges, qui étaient portés sur les contrôles, il n'en avait que 11,484 de présents sous les drapeaux[1] ; les autres étaient aux dépôts, aux hôpitaux, détachés ou enfermés dans les places. Près de la moitié des soldats[2] (12,658 sur 28,564)

talents militaires, qui furent toujours assez secondaires. Il ne fut, du reste, guère reconnaissant de cette faveur, car on le vit se rallier avec prestesse à Louis XVIII, sous lequel il devint major-général de la garde royale, pair de France et ministre de la Guerre. Victor mourut à Paris, le 1ᵉʳ mars 1841.

1. Rapport à l'Empereur, du 20 janvier 1814 (Archives Guerre).

2. Id., *ibidem*.

étaient de jeunes recrues, imberbes et no-
vices ; de ces « Maries-Louises » si bien
décrits par le plus récent écrivain de cette
campagne [1], « pauvres petits soldats soudai-
nement arrachés au foyer et jetés, quinze
jours après l'incorporation dans la fournaise
des batailles » ; de ces frêles adolescents
qu'on a justement appelé des « éphémères
du drapeau », et dont le général Drouot disait en les voyant tomber sous les balles :
« C'est le massacre des Innocents [2] ! »

De ses trois généraux de division, l'un,
Dubreton, était resté malade à Worms ;
l'autre, Dufour, avait été rappelé à Paris
pour y organiser un corps de réserve ; le
général Mongenet, commandant l'artillerie,
était également absent. Presque tous les régiments du 2e corps n'avaient qu'un seul bataillon et ce bataillon unique était parfois
terriblement réduit ; le plus compact n'a-
vait pas un millier d'hommes. Les divisions
avaient l'effectif d'un régiment. Si le 56e de
ligne pouvait aligner 31 officiers et 931
hommes, le 18e de ligne : 59 officiers et

1. Henry Houssaye : *1814*, page 29.
2. Général Ph. de Ségur : *Mémoires*, tome III de la nouvelle édition, page 347.

1,326 hommes ; le 4ᵉ de ligne : 43 officiers et 1,194 hommes ; c'était un chiffre exceptionnel ; le 26ᵉ léger ne présentait que 771 hommes ; le 46ᵉ de ligne, 730 hommes ; le 19ᵉ de ligne, 620 hommes ; le 37ᵉ de ligne, 582 hommes, le 24ᵉ léger, 495 hommes ; le 72ᵉ de ligne, 498 hommes ; le 11ᵉ léger, 407 hommes ; et même certains corps, tels que le 93ᵉ de ligne et le 2ᵉ de ligne, arrivaient péniblement à grouper 389 et 380 hommes [1]. On conçoit donc que, démoralisé par les récentes défaites, affligé d'avoir vu si brusquement, et dans de si grandes proportions, fondre ses effectifs, le maréchal Victor n'ait pu résister à ces secousses et, considérant désormais la partie perdue, soit tombé dans un état d'indifférence presque complète.

Dans l'état d'esprit où il se trouvait déjà, l'annonce seule que la cavalerie de Milhaud ne l'escortait plus, aggrava le découragement indicible qui l'accablait et lui fit perdre instantanément tout ressort et même toute clairvoyance. Il ne comprit pas qu'il s'agissait avant tout de lutter pied à pied en Al-

1. États de situation du 2ᵉ corps et lettre du maréchal Berthier au général Clarke ; du 25 décembre 1813 (Archives Guerre).

sace, beaucoup plus que de vaincre, et d'arrêter coûte que coûte la marche de l'ennemi jusqu'à la dernière extrémité afin de permettre à l'Empereur d'organiser des renforts et d'accourir à leur tête, face à l'invasion. L'idée d'un tel sacrifice ne lui apparut pas, ou s'il en eut la prescience, il se garda bien de l'adopter.

Dès qu'il eut appris à Strasbourg que son flanc droit n'était plus protégé par le 5ᵉ corps de cavalerie et que les IVᵉ et Vᵉ corps ennemis, Bavarois et Wurtembergeois, le menaçaient de ce côté, alors que le VIᵉ s'apprêtait à l'assaillir de front, il fut saisi d'une véritable panique et enfreignant les ordres les plus positifs de l'Empereur, il prescrivit aussitôt la retraite du 2ᵉ corps.

Ébranlé déjà par la nouvelle du passage du Rhin à Fort-Louis par le VIᵉ corps (Wittgenstein) qui eut lieu le 2 janvier, et par l'apparition, le 4 janvier à Haguenau, des cavaliers de Pahlen lancés en enfants perdus sur tout le front du VIᵉ corps, il accueillit sans le contrôler le bruit inexact de l'occupation de Saverne par l'ennemi et toutes ces sombres nouvelles fondant à l'improviste et d'un seul coup sur un aussi faible moral, influèrent

désastreusement sur sa détermination. De
crainte d'être bloqué dans Strasbourg, cerné
loin de l'armée, coupé des maréchaux Marmont et Ney auxquels il devait rester étroi-
tement uni, il se reporta, le 5 janvier, aussi
loin et aussi rapidement qu'il le put, en arrière de la ligne du Rhin, entraînant avec lui
le général de Grouchy, commandant en chef
la cavalerie de l'armée [1]. Il courut par Mol-

1. Le général marquis de Grouchy (Emmanuel) est trop
connu pour qu'il soit besoin de lui consacrer une notice
détaillée. Né à Paris, le 23 octobre 1766, il appartenait à
une vieille famille noble, qui embrassa, dès le début, les
idées de la Révolution. Beau-frère de Condorcet et de Ca-
banis, qui étaient mariés à ses deux sœurs, et du conventionnel Doulcet de Pontécoulant, dont il avait épousé la
sœur, il n'émigra point. Lieutenant-colonel aux gardes du
corps en 1786, il passa avec ce grade au 12e chasseurs
à cheval en 1791, à vingt-cinq ans, et conduisit ce corps
de Montmédy à Neufchâteau. Colonel du 2e dragons en
janvier 1792, il passa quelques mois après, en juillet,
colonel du 6e hussards. Mais, dès le 7 septembre 1792, il
était nommé maréchal de camp (général de brigade). Il
combattit en Savoie, puis en Vendée, fut suspendu comme
ancien noble, puis rappelé à l'activité et nommé général
de division, le 23 avril 1794. C'est avec ce grade qu'il
combattit pendant toutes les guerres de l'Empire à la tête
de divisions, puis de corps de cavalerie, notamment à
Friedland. Ce n'est que le 17 avril 1815, que Napoléon le
nomma pair et maréchal de France. On sait son rôle pendant la courte campagne de Waterloo. La Restauration ne
lui reconnut pas le titre de maréchal et le remit lieute-

sheim, Mutzig, Urmatt, Wisch, Framont et Schirmeck chercher près de Raon-l'Étape, puis à Baccarat un refuge contre une poursuite imaginaire, précipitant sa marche dans la crainte chimérique d'être devancé par l'ennemi, et ne laissant comme arrière-garde auprès de Saverne que les deux régiments de Gardes d'Honneur, les 3ᵉ et 4ᵒ, de la brigade du général de Ségur, pour faire le coup de sabre avec les escadrons de Pahlen.

Il est bien certain que ce mouvement qui contrecarrait si complètement les intentions de Napoléon, qui les anéantissait même, était un acte de grave désobéissance, coupable au premier chef. Mais il faut reconnaître que dans le pénible état d'esprit où se débattait le maréchal Victor, il ne constituait à ses yeux qu'un acte de prudence nécessaire, dicté par la peur de se voir enveloppé sans profit. Encore, à ce moment, le maréchal Victor ignorait-il que ses communications

nant-général, grade qu'il occupait depuis vingt-un ans. Après la Révolution de 1830, il fut réintégré, le 13 avril 1831, dans sa dignité de maréchal de France et fut également nommé pair de France, le 11 octobre 1832. Le maréchal de Grouchy mourut à Saint-Etienne, le 29 mai 1847. Sa veuve (une demoiselle Hua, qu'il avait épousée en secondes noces), vivait encore à Pau, en 1888.

avec Marmont étaient coupées par l'entrée en
scène du feld-maréchal Blücher avec l'armée
de Silésie qui venait de se placer entre Metz
et Strasbourg. C'eût été une excuse de plus
à invoquer pour son inqualifiable défail-
lance.

Dans ces conditions assurément critiques,
le maréchal Victor pouvait redouter légiti-
mement que de Wrède, poussant, l'épée dans
les reins, la cavalerie de Milhaud, n'envahît
toute la vallée de la Meurthe derrière ce général et ne se portât sans difficulté sur Lunéville et de là sur Nancy, pendant que Wittgenstein le presserait lui-même aux environs
de Saverne. Mais il est à la guerre des cas où
l'extrême sagesse est plus dangereuse qu'une
héroïque folie et si Victor, au lieu de prêter
gratuitement à son adversaire une rapidité
de conception et d'exécution bien peu dans
ses habitudes et qu'il fut loin de réaliser,
s'était borné à accomplir à la lettre les instructions de l'Empereur et à lutter pied à
pied, en vrai Lorrain qu'il eût dû être, à se
cramponner au revers des Vosges, il eût re-
tardé de plus d'un mois l'entrée des Alliés en
Lorraine, en admettant même qu'il n'eût pas
entièrement paralysé leur marche. Lorsqu'on

pense aux prodiges des gardes nationaux en
blouses et en sabots luttant en plaine au
combat de La Fère-Champenoise, on ne peut
admettre que ces mêmes héroïques enfants
ne se soient aussi valeureusement comportés
si on leur avait confié la défense des Vosges.

Mais Victor alla tout désemparé, n'ayant
plus confiance ni dans ses troupes, ni en lui-
même, s'effrayant à tout propos et hors de
propos, engourdi, découragé, presqu'anni-
hilé, prenant pour ainsi dire à tâche de justifier le mot cruel du général Delmas qui, rap-
pelant son ancien métier de tambour, s'était
écrié jadis : « Ce Victor, il est toujours resté
tambour, il ne fait du bruit que lorsqu'on le
bat [1] ! »

La marche des trois corps d'armée ennemis qui lui étaient opposés, bien que
conduite avec une circonspection peu digne
d'éloges, ne lui rendit pas courage, et il alla
s'entasser avec toutes ses troupes dans la
vallée de Baccarat, ne laissant pour garder
les dernières hauteurs des Vosges, à Raon-
l'Etape, qu'une assez forte avant-garde de cavalerie.

---

1. Général Thiébault : *Mémoires*, tome III, page 363.

Il avait d'ailleurs été devancé à Baccarat
par le général Milhaud [1] qui, parti de Colmar
le 3 janvier, quelques heures avant l'arrivée
de l'ennemi, avait couru tout d'une traite
pour mettre les montagnes entre lui et l'ennemi. Cet exemple de pusillanimité est à
signaler chez cet ancien représentant du
peuple qui avait, avec Saint-Just, contribué à

[1]. Le général Milhaud (Edouard-Jean-Baptiste de), né à
Arpajon (Cantal), le 10 juillet 1766, avait d'abord été élu,
à vingt-six ans, député du Cantal à la Convention natio-
nale ; il avait siégé à la Montagne, voté la mort du Roi
et s'était distingué dans différentes missions aux armées,
notamment à celle du Rhin, où il s'était trouvé avec Lacoste, Baudot et Guyardin, en concurrence avec Saint-Just et
Lebas, et où il opposait le jeune Hoche, qu'il venait de
découvrir, à Pichegru prôné par Saint-Just. (Voir Arthur
Chuquet : *Hoche et la lutte pour l'Alsace*.)

Après la session conventionnelle, il était entré dans l'armée comme chef d'escadron au 20ᵉ chasseurs, était arrivé
rapidement au grade de colonel du 5ᵉ dragons, avec lequel
il fit la campagne d'Italie en 1796. Général de brigade, le
8 janvier 1800, il commande la cavalerie légère de la
Grande-Armée en 1805 et 1806 ; général de division le
30 décembre 1806, comte le 10 mars 1808, il commande
les dragons en Espagne, combat à Leipzig, à Brienne, à
La Rothière. Commandant le 4ᵉ corps de cavalerie en juin
1815, il se distingue à Waterloo ; il rentre ensuite dans la
vie privée ; va sans doute en exil à cause de son vote régi-
cide à la Convention, et revient mourir dans son pays na-
tal, à Arpajon, le 8 janvier 1833. Le général Aymard, mort
gouverneur de Paris en 1880, était son petit-fils.

3.

la délivrance de l'Alsace en 1793; chez un chef qui avait, en maintes circonstances, donné des preuves de réelle bravoure et de sang-froid; qui devait, l'année d'après, mener avec un entrain sans pareil les charges légendaires des cuirassiers à Waterloo. Il témoigne de l'ébranlement profond qu'avaient subi les plus braves sous l'accumulation des désastres, et de l'abaissement des caractères. Ajoutons qu'à cette faiblesse, Milhaud ajoutait des airs fanfarons qui cadraient mal avec la réalité. Si l'on en croyait ses rapports officiels, il n'aurait cédé à Colmar que devant des forces *douze fois supérieures*, assertion plus que hasardée, évaluation bien difficile à contrôler [1].

Il convient de noter à sa décharge, tout au moins à l'éloge de ses cavaliers, qu'il continua à surveiller exactement la marche des ennemis et qu'il signalait minutieusement à Grouchy et à Victor la situation précise des colonnes alliées, alors que celles-ci, malgré leur nombreuse cavalerie, malgré l'entrain que donne la victoire, restaient dans la plus complète ignorance de nos positions et ne

1. Général Milhaud à maréchal Berthier; de Baccarat, 7 janvier 1814 (Archives Guerre).

recueillaient sur nous aucuns renseignements. Milhaud rendait en outre hommage
aux Vosgiens, en constatant que « les habitants des montagnes n'avaient besoin que de
se voir protégés par un ou deux bataillons, à
l'entrée de chaque gorge, pour faire une irruption et défendre leurs foyers [1] ».

1. Général Milhaud à maréchal Berthier ; de Baccarat,
8 janvier 1814 (Archives Guerre).

CHAPITRE IV

COMBAT DE ROTHAU. — LES PARTISANS DE NICOLAS
WOLFF. — DÉFENSE DE LA VALLÉE DE LA BRUCHE
PAR LES MONTAGNARDS VOSGIENS.

Il se trouva même des Vosgiens plus té-
méraires et qui, sans espérer le concours des
soldats de Victor, sans compter sur le succès, surent combattre et mourir simplement
pour leur pays. La défense des défilés des
Vosges a été immortalisée par Erckmann-
Chatrian, dans leur admirable roman patriotique : *L'Invasion ou le Fou Yégof*. Le sou-
venir en est resté vivant dans la contrée. Il
est intéressant de rapprocher le récit véridique de cette défense des romanesques péripéties qu'y ont ajouté Erckmann-Chatrian
et dont ils ont décrit les dernières scènes qui
eurent lieu sur la cîme du Donon.

C'est à Rothau, dans la vallée de la

Bruche[1], qu'une poignée de braves gens, bû-
cherons, ouvriers, paysans, sous les ordres
de Nicolas Wolff entreprit cet acte de superbe
témérité[2]. Le 24 décembre 1813, le bruit était
parvenu jusque dans ces gorges retirées que
l'ennemi s'avançait, et Nicolas Wolff, directeur des forges et ancien maire de Rothau,
avait aussitôt parcouru le pays, faisant appel
aux montagnards, gardes forestiers, contre-
bandiers, anciens soldats et jeunes gens; il
avait ainsi groupé une centaine de partisans,

1. Rothau est, pour le moment, annexé à l'Allemagne,
avec le canton de Schirmeck, dont il faisait partie, et la
plus grande partie de celui de Saales.

2. Les détails qu'on va lire sont puisés dans une très
intéressante et substantielle notice de M. Gaston Save, pu-
bliée dans le *Bulletin de la Société philomatique vosgienne*
de Saint-Dié (12e année, 1886-87), page 255. L'auteur a
recueilli sur place les traditions et les souvenirs des des-
cendants des combattants de 1814, dont un, Jacquel,
vivait encore en 1885; il a pu consulter les papiers de
famille, notamment ceux de la fille de Nicolas Wolff et
ceux du maire de Rothau, M. Wiedemann, fils d'un des
combattants. Il n'y a rien à ajouter à son récit complet et
clair, et qui ramène à ses véritables proportions cet épi-
sode, un peu grossi parfois, comme, par exemple, dans la
conférence du lieutenant-colonel Saniez, du 41e territorial,
qui disait au concours de tir à Senones, en 1883, que
120 Vosgiens avaient arrêté, en 1814, 15,000 Russes au
col de Schirmeck, et que leur général s'était suicidé de
honte et de désespoir.

hâtivement armés de quelques fusils, de sabres, de haches, de faux et de longues piques qu'on forgeait jour et nuit. Ancien sergent d'artillerie, dans le régiment de Bonaparte, Nicolas Wolff[1] s'illusionnait moins que tout autre sur les chances de son entreprise, mais son cœur de vieux soldat et son instinct ne pouvaient admettre que l'ennemi pénétrât ainsi sans résistance dans ces vallons et ces montagnes dont ils connaissaient tous les rocs et tous les sentiers, dont il sentait toute l'importance stratégique. On se rappelle que le maréchal Victor avait, depuis Strasbourg, remonté la vallée de la Bruche, pour gagner l'abri de Baccarat. Dès que ces troupes se furent écoulées, au grand désespoir du vieux patriote, Wolff résolut de tenter ce qu'un maréchal de France n'avait osé faire. C'était le 4 janvier. Il s'établit d'abord en avant de

---

1. Nicolas Wolff, né à Rothau, le 6 décembre 1761, était le fils du directeur des forges de Rothau et de Framont. Soldat à dix-neuf ans, il était rentré à Rothau en 1789, avait succédé à son père aux forges de Rothau, et devint maire de la ville jusqu'au 1er janvier 1843. Napoléon le décora pour la défense de Rothau, le nomma colonel de corps-francs, et le chargea de diverses missions pour Metz et pour Strasbourg. En juin 1815, comme colonel du 1er corps-franc du Bas-Rhin, il se battit encore. Nicolas Wolff est mort à Colmar, le 4 janvier 1846.

Rothau, embusqué dans les montagnes boi-
sées qui dominent sur les deux rives de la
Bruche les villages de Mühlbach et d'Urmatt.
Les premiers Russes qui, venant de Molsheim, s'offrirent aux coups des tireurs vosgiens, furent salués d'un feu continu; leur tir
plein de justesse causa des pertes sensibles
parmi les assaillants, pertes trop vite répa-
rées par les renforts qui accouraient avec rapidité. Les partisans de Wolff durent cesser
le combat pour se disperser et échapper aux
poursuites de l'ennemi. Wolff lui-même se dé-
roba aux recherches dans la maison forestière de Gérold, près de Klingenthal, qu'on
appelle aujourd'hui Wolffs-Grube (le repaire
de Wolff) [1].

Une fois la nuit tombée, Wolff s'évada, juste
au moment où les cosaques envahissaient
la maison du garde-forestier; à minuit, il arriva près des ruines de Birkenfels et y ins-
talla un observatoire pour surveiller la vallée. A ce même moment, aux premières
lueurs de la journée du 5 janvier, les derniers soldats français, un escadron de 343 dra-

1. Gaston Save : Nicolas Wolff et la défense de Rothau
en 1814; *Bulletin de la Société philomatique vosgienne*,
1886-87; page 259.

gons avec 389 chevaux, évacua Rothau. Wolff
va soutenir à lui seul le poids de la lutte[1].

Il a réuni 150 hommes et les a organisés
militairement; le commandant en second
est un vieux capitaine en retraite, nommé
Franck; les capitaines sont deux anciens
sous-officiers des armées de la République,
Holweck, dit Saint-Cloud, et Kœniger, de
Wilderspach; le lieutenant est Charles Moi-
trier, ex-soldat des Chasseurs des Forêts,
possédant tous les sentiers du pays. Wolff
s'adjoint en outre, comme officier d'ordon-
nance, son fils aîné, Charles, surnommé
Lolo, un gars de 25 ans, robuste et résolu.
La moitié de sa troupe occupe le château de
Rothau et sur la rive droite les collines du
Bannwald qui la surplombent, tenant ainsi la
route de Natzwiller et le vallon de la Ro-
thaine; l'autre partie défend le cimetière
ceint d'un petit mur, qui forme autour de l'é-
glise une sorte de terrasse, dominant de la
hauteur d'un mètre et demi la place qui s'é-
tend au devant et commandant l'entrée de
Rothau et le pont de la Bruche qu'on avait
précipitamment coupé; les munitions, les

1. Gaston Save : *ibidem.*, p. 261.

armes sont cachées dans la forêt, dans le
« trou du Renard » qui s'appelle depuis « la
grotte des partisans ». Le soir, des feux allu-
més partout font croire à la présence de
nombreuses troupes, dans la ville et dans les
forêts d'en haut. Aussi l'ennemi lance-t-il en
reconnaissance un peloton de cosaques qui
s'avancent jusqu'au Chéneau ; mais les éclaireurs de Wolff postés à la Scierie et au ha-
meau de La Claquette les accueillent à coups
de fusil, se jettent ensuite sur eux lorsqu'ils
arrivent au pont de la Charité, en tuent plusieurs et forcent les autres à rebrousser
chemin sur La Broque, puis ramènent ensuite prisonnière une vivandière avec sa voiture. La nuit survint alors et s'écoula sans
incidents.

Dès les premières heures du vendredi
6 janvier, un régiment bavarois partit de
Schirmeck pour mettre à la raison les défenseurs de Rothau. A sept heures du matin, il
déployait ses tirailleurs sur les hauteurs de
la rive gauche de la Bruche qui couronnent
Maison-Neuve, Albet et La Claquette, ouvrant
le feu sur la ville et surtout sur le pont par
où Wolff pouvait déboucher. Il s'agit de les
prendre entre deux feux et renonçant à

l'abri du mur du cimetière, Kœniger, se glissant derrière les haies, traverse les prés de la rive droite de la Bruche, tandis que d'autres tireurs se dirigent sur la rive gauche. Mais les uns et les autres sont vite débordés par la nuée des cosaques, et reculent ; Wolff court à eux, les groupe, en forme un carré solide que les cosaques ne peuvent entamer et rétrograde ainsi, lentement, jusqu'au cimetière ; Kœniger est tué là. Alors l'attaque générale se dessine ; Bavarois et Cosaques assaillent le cimetière sur toutes ses faces ; les Vosgiens le défendent avec acharnement. Wolff au premier rang, tête nue, le pistolet au poing, un sabre de l'autre main, tue plusieurs cosaques ; à ses côtés, le serrurier Frédéric Wiedèmann tire posément, à coup sûr, comme s'il s'exerçait à la cible ; le vieux maître d'école Didier, au milieu de ses anciens élèves, tombe percé de coups ; le jeune Jacquel abrite, en manœuvrant sa faux, le corps de Kœniger ; un garçon de brasserie, Jean Mann, vrai descendant des vieux Gaulois qui plaisantaient rudement au milieu du combat, achève à coups de sabre les Bavarois qu'il a blessés à coups de fusil, et répond à un Allemand qui demande : « Pardon, Franzose ! »,

« Mon ami, aujourd'hui on n'a droit qu'à un coup de fusil par personne ; la poudre est trop chère [1] ! » Il fut tué quelques instants plus tard. Nicolas Christolot, faute de capsules, allume son fusil avec de l'amadou. Néanmoins les assaillants s'approchent. Un commandant dirige dans les rues plusieurs charges, mais en vain, contre le cimetière ; d'un coup de carabine à pierre Wolff tue son cheval ; les feux de salve s'abattent sur la ligne bavaroise qui flotte et se rompt ; l'ennemi s'enfuit, laissant 39 morts sur le terrain, et plusieurs hommes se noient dans la Bruche au milieu du désordre. Mais l'ardeur des Français ne s'en ralentit pas ; un borgne, Nicolas Hatzig, court après les fuyards, les rejoint à la Fontaine des champs, en tue trois à coups de couteau, tandis que des rues de Rothau s'élève une clameur triomphale de : *Vive la France !* et que tous ces braves gens s'embrassent dans une patriotique étreinte [2].

1. Gaston Save, page 264.
2. Un tableau du peintre militaire lorrain Gridel, au musée de Saint-Dié, représente la défense de Rothau en 1814 ; on s'accorde à lui reconnaître la plus grande exactitude dans les lieux, les visages et les costumes. L'artiste, qui a consacré son pinceau aux gloires guerrières de la Lorraine, a peint une belle et une bonne œuvre.

Le soir de cette chaude journée, Wolff voulut faire distribuer le prêt à ses hommes ; 28 seulement acceptèrent ; puis la petite troupe se remit en route, vers le Donon, pour y recommencer la lutte. Là eut lieu un nouveau combat, celui si puissamment conté par Erckmann-Chatrian[1]. Il se termina cette fois par la retraite des partisans, écrasés par le nombre sans cesse renaissant des ennemis. Wolff, sauvé par des anabaptistes à la ferme du Sommerhof, parvint à gagner la maison forestière de la Rothlach, puis les forges de Grendelbruck et de là le Ban de la Roche, d'où le digne pasteur Oberlin l'aida à rejoindre Napoléon en Champagne, non sans avoir erré longtemps, déguisé et toujours armé, à travers la montagne.

Quand l'ennemi pénétra, le lendemain, dans Rothau, il donna l'ordre de brûler les villages ; une démarche d'Oberlin près du quartier-général à Haguenau, empêcha l'exécution de cet ordre sauvage, mais la maison de Wolff seule n'échappa pas ; elle fut brûlée

---

1. Il faut lire et relire *L'Invasion ou le fou Yegof*, qui est une évocation magique des faits d'armes de cette époque et des lieux qui furent le théâtre d'une si belle résistance.

et détruite ; plus de 96,000 francs de dégâts, pour lesquels Wolff ne toucha jamais rien, y furent commis. Furieux de l'avoir traqué sans résultat, les Alliés se vengèrent lâchement en s'emparant de son fils Charles qui fut emmené prisonnier en Allemagne. On ne revit plus ce malheureux jeune homme ; sa famille a toujours ignoré ce qu'il était devenu [1].

Tandis que d'humbles montagnards tra-

1. En dehors de l'excellente notice de M. Gaston Save, la défense de Rothau a fait l'objet d'une note dans l'ouvrage du baron Fain : *Manuscrit de 1814*, et dans divers journaux de l'époque ; *Le Constitutionnel*, du 12 janvier 1846 en a tracé le récit, ainsi que *Le Temps*, de novembre 1879, sous la plume d'Ad. Le Reboullet. Le général de Ségur, dans ses *Mémoires* (tome III, page 325), mentionne également l'arrivée de Wolff au quartier-général de Napoléon, à Corbeny (Aisne), le 6 mars au soir, mais il n'entre dans aucun détail ; quelques pages plus haut (page 285), il se borne à dire : « Dans les Vosges, nos montagnards tuèrent un général russe et mirent son escorte en déroute... » ; assertion d'ailleurs inexacte. Une tradition, reproduite par M. Gaston Save, veut que le colonel bavarois von Treuberg, qui commanda l'attaque contre Rothau, ayant dit au général de Wrède qu'il avait eu affaire à 5,000 hommes avec de l'artillerie, fut convaincu de mensonge par Platoff, qui avait pu constater les forces françaises. On se moqua de lui ; il dut quitter l'armée, se rendre à Bade chez un de ses frères, colonel comme lui ; le lendemain de son arrivée, à table, chez le restaurateur J.-B. Muller, des officiers le plaisantèrent, le traitant de

çaient ainsi avec le feu et avec le sang une de ces épopées populaires qui méritent de vivre à jamais dans la mémoire des gens de cœur ; le maréchal Victor, duc de Bellune, poursuivait sa retraite sans regarder derrière lui, sans se soucier d'imiter l'abnégation patriotique de Nicolas Wolff, sans même tenter de le secourir, et cette désinvolture du haut dignitaire impérial n'en fait que mieux ressortir l'héroïsme épique de ces hommes déterminés.

C'était « simple et grand », comme tout ce qui vient du peuple.

lâche ; désespéré, il se serait fait sauter la cervelle dans le jardin du restaurant.

Malgré la précision des détails, et l'autorité de M. Gaston Save et du baron Fain, qui a aussi enregistré le fait, ce récit ne nous paraît devoir être admis que sous caution. Le colonel von Treuberg prit part en effet, quelques jours après, le 10 janvier, au combat de Saint-Dié, où il dut diriger les troupes à la place du général Deroy, grièvement blessé. Celui-ci succomba-t-il à des blessures et sa mort donna-t-elle naissance au bruit que nous rapportons sans trop y croire, ce point mériterait d'être éclairci. Il nous paraît, jusqu'à preuve du contraire, invraisemblable. En tout cas, ce n'est pas l'ataman Platoff qui aurait pu accuser d'imposture le colonel von Treuberg. Il en a commis bien d'autres lui-même, et d'ailleurs il n'était pas là.

CHAPITRE V

Tandis qu'agonisaient les braves montagnards des Vosges, le 2ᵉ corps avait terminé
son mouvement de retraite et était venu, par
la vallée de Celles et par Raon, chercher un
abri dans les replis du vallon de Baccarat où
le maréchal Victor, toujours accompagné du
général de Grouchy et du 5ᵉ corps de cavalerie, avait installé son quartier-général. Toutefois, il laissa en pointe à Raon-l'Etape pour
surveiller l'issue des routes qui aboutissent
aux principaux cols de la montagne, une bri-

gade de la division d'infanterie du général
Duhesme et une brigade de la division de cavalerie légère du général de Piré.

Ces divers mouvements s'accomplirent
avec une sécurité parfaite, qui démontre
combien peu était fondée l'urgence de la retraite. Le général bavarois de Wrède [1] fut, en
effet, il faut le reconnaître, tout à fait décon-
tenancé par la retraite latérale prestement
exécutée sous ses yeux par le général Milhaud, et il demeura plusieurs jours fort per-
plexe et fort indécis, dans l'incertitude de la
direction qu'avaient prise les Français, justi-
fiant une fois de plus le mot cruel de Napoléon : « Ce pauvre de Wrède, j'ai pu le faire
comte, je n'ai pu en faire un général ! » Il

1. Le feld-maréchal comte de Wrède (Charles-Philippe),
né à Heidelberg, le 29 avril 1767, avait d'abord été magistrat, puis commissaire, pour le Palatinat, près des armées
impériales. Colonel, en 1799, d'un corps bavarois et pala-
tin qu'il avait organisé, il combattit contre l'armée de
Moreau et fut nommé général-major après Hohenlinden,
en 1800. Il commanda ensuite le contingent bavarois in-
corporé dans l'armée française, de 1805 à 1813 (20e division, 6e corps, en 1812); fut nommé feld-maréchal après
Wagram en 1809, et disputa en vain, à Hanau, le passage
aux Français; il prit part à toutes les opérations de la
campagne de 1814 jusque sous les murs de Paris. Nommé
prince après la paix, il siégea au Congrès de Vienne. Il est
mort le 12 décembre 1838.

faut convenir qu'il avait bien mal profité, en
effet, des leçons qu'il avait dû prendre, pendant la campagne de 1812, à la rude et excellente école du maréchal Gouvion-Saint-Cyr,
sous les ordres duquel il commanda une division du 6ᵉ corps. Alors qu'avec un peu d'activité et de discernement il aurait pu parve-
nir rapidement à la Moselle et de là gagner
Toul, se plaçant ainsi sur les flancs et l'arrière des troupes de Ney et de Victor, déjà
menacées sur leur autre flanc par l'arrivée de
Blücher, il tergiversa longtemps sur l'itiné-
raire qu'il convenait de suivre, tâtonnant,
hésitant, convaincu de la retraite de Milhaud
sur Schlestadt, ne supposant pas que ce général avait pu pousser jusqu'au delà des
Vosges, imaginant moins encore que le maréchal Victor eût pu abandonner les environs de Strasbourg sans les disputer. Il attendit donc dans une parfaite immobilité le
renseignement que trois forts partis de cavalerie étaient chargés de prendre sur la position d'un adversaire qui semblait s'être
évaporé. Ce n'est que le 6 janvier, après trois
jours d'arrêt, que, triomphant enfin de sa timidité, de Wrède résolut de se jeter à sa
gauche sur les Vosges pour atteindre les es-

cadrons de Milhaud, si pourtant ceux-ci
avaient eu la complaisance de l'y attendre.
Toutefois, dès le 5, en même temps qu'il s'attardait à l'investissement de la place de
Schlestadt, le général bavarois dirigeait sur
Sainte-Marie-aux-Mines la brigade von Habermann, de la division Lamotte. et le 6
l'autre brigade, celle du général Deroy, sui-
vait la même direction et occupait le col qui
donne passage d'Alsace en Lorraine. La division Rechberg se dirigeait vers le col du
Bonhomme où elle ne devait pas rencontrer
trace de résistance.

Le mouvement rétrograde du maréchal
Victor avait provoqué chez l'Empereur une
irritation facile à comprendre et, dès qu'il en
fut averti, il fit prescrire à Victor [1] de se porter, non sur la ville de Saverne qu'il estimait
suffisamment protégée par la place de Phals-
bourg, mais sur Epinal qui pouvait facilement et efficacement devenir un excellent
centre de résistance. Dans le cas où Victor
eût encore été à Saverne, Napoléon lui enjoi-
gnait donc de se replier sur Nancy, d'où il
devait, de concert avec le maréchal Ney,

1. Napoléon à Berthier ; de Paris, 6 janvier 1814 (Archives Guerre).

s'employer à réoccuper Epinal. Mais avant
que cet ordre ne parvînt à Victor, on a vu que
celui-ci, jugeant sans doute trop exposée par
les incursions de Blücher la route de Saverne
à Nancy, avait appuyé plus à gauche et opéré
sa retraite par la vallée de la Bruche et celle
de la Plaine, à partir de Grand-Fontaine
jusque Raon-l'Etape, puis, de là, se retirant
jusque Baccarat. C'était se conformer moins
que jamais aux instructions et aux projets de
Napoléon et en dérobant ainsi sa marche aux
vues de l'ennemi, il laissait du même coup
échapper l'occasion d'exécuter une partie du
plan de l'Empereur en se portant sur Epinal.

La situation de cette ville devenait à ce
moment plus menaçante. Le IV⁰ corps (Prince
Royal de Würtemberg), massé à Thann, continuait à descendre par le col de Bussang,
dans la vallée de la Moselle, tandis qu'une
colonne composée du 7⁰ régiment d'infanterie, avec deux escadrons du 2⁰ régiment de
cavalerie, couvrait sa droite vers Oderen et
pénétrait dans les Vosges par Ventron [1]. Une
fois parvenu à Remiremont, son chef se proposait, soit de rejoindre le gros de l'armée de

1. Colonel von Hiller : *Histoire de la campagne de 1814
contre la France.*

Schwarzenberg, soit de pousser directement
sur Lunéville par Pouxeux, Girecourt et
Rambervillers, se liant, par sa droite, vers
Bruyères et Saint-Dié, avec de Wrède. Il de-
mandait qu'en même temps, à sa gauche, on
envoyât des troupes chargées spécialement
d'enlever Epinal que le prince Stscherbatoff,
toujours en alerte entre Arches et Pouxeux,
continuait à observer, mais sans pouvoir
l'emporter à lui seul [1].

Précisément, l'ataman comte Platoff [2] venait d'arriver à Thann avec ses *sotnias* de cosaques. Il reçut aussitôt l'ordre de se porter
de suite sur Epinal pour seconder son lieutenant Stscherbatoff. Cependant, sur la juste
observation du Prince-Royal de Würtemberg,
que la route suivie par le IVe corps, déjà fort
pauvre, venait d'être totalement épuisée par
le passage de ses troupes, l'ataman Platoff
devait pénétrer dans les Vosges, non par la
vallée de la Moselle, mais par celle de la Mo-

---

1. Commandant Weil : *Campagne de 1814*, page 60.

2. Platoff était né vers 1765 ; c'était un vrai Cosaque,
inculte et barbare, qui avait pris part à toutes les campagnes contre les Français et les Turcs, de 1806 à 1813.
Lieutenant-général à Eylau en 1807 ; général de cavalerie
en 1809, il se distingua comme ataman des Cosaques du
Don en 1812 et 1813. Platoff est mort en février 1818.

selotte, qu'il joignit par Felleringen et Ventron pour regagner, par Saulxures et Vagney, à Eloyes, la grande vallée de la Moselle et les troupes du IV⁰ corps.

Le V⁰ corps, de son côté, prononçait son mouvement offensif. Dès le 6, ses coureurs avaient poussé jusqu'à Saint-Dié pour y faire préparer des vivres et y semer une proclamation, sans doute celle qu'avait rédigée à Lœrrach, le 21 décembre, le généralissime Schwarzenberg. Le 7 janvier, les Bavarois, dont le centre était encore à Benfeld, mais dont les ailes étaient maîtresses du col du Bonhomme et de celui de Sainte-Marie-aux-Mines, descendirent sur l'autre versant des Vosges. Les patrouilles du général Déroy s'avancèrent jusqu'aux environs de Saint-Dié où elles escarmouchèrent avec une centaine de cavaliers français qu'elles rejetèrent sur la ville et même au delà [1]. Cette reconnaissance qui rendait enfin aux Bavarois le contact avec l'adversaire leur procura en outre le renseignement positif que 3,000 hommes avec

1. Wrède à Schwarzenberg ; de Colmar, 8 janvier 1814; citée par commandant Weil, page 65. Cette dépêche ne parvint au quartier-général de Schwarzenberg à Vesoul, que le 14 janvier ; elle parle de 80 cavaliers français.

le général Piré étaient à Raon-l'Etape et que
12,000 hommes avec le maréchal Victor occu-
paient Baccarat. Aussi de Wrède, tout en or-
donnant d'observer Saint-Dié, ne voulut se
risquer qu'après s'être relié par Bruyères au
Prince de Würtemberg, comme il se reliait
déjà, par Molsheim, avec la cavalerie de Wittgenstein. Il aurait même désiré que les cosaques de Platoff s'avançassent directement
par Bruyères et Rambervillers sur Lunéville,
mais on avait déjà disposé d'eux, comme on
l'a vu plus haut, pour s'emparer d'Epinal et
se diriger ensuite sur Neufchâteau [1].

Au surplus, une dépêche du maréchal Kellermann au maréchal Victor était interceptée
par les cosaques, vers Mutzig, dans la nuit du
7 au 8 janvier; elle contenait les plus précieuses indications sur les emplacements et
les projets des Français, notamment sur la
marche en avant des divisions de Jeune-
Garde en route sur Epinal et déjà parvenues
entre Nancy et Charmes [2]. Wrède comprit,

1. Wrède à Schwarzenberg; 8 janvier 1814 (commandant Weil, page 65). — Barclay de Tolly à Schwarzenberg;
de Bâle, 6 janvier 1814; citée par le commandant Weil,
tome Ier, page 61.

2. Kellermann à Victor : citée par le commandant Weil,
tome Ier pages 57-58.

en dépit de sa prudence extrême, qu'il était temps de brusquer la situation et d'accentuer l'offensive dans la vallée de la Meurthe, avant l'arrivée des renforts imposants qu'on annonçait.

Ce même jour, d'ailleurs, 7 janvier 1814, avant même que Platoff eût dessiné son mouvement sur les Vosges [1], le prince Stscherbatoff avait occupé Epinal. Dès la soirée du 6, il s'était avancé d'Arches sur Epinal, chassant sans peine devant lui quelques vedettes et postes de cavalerie. Le 7 au matin, après un échange de coups de sabre avec les cosaques, le général Duvignau, ne se sentant pas en force, se replia en bon ordre sur Charmes où il savait trouver l'appui de la Jeune-Garde. Derrière lui, les cosaques entrèrent dans Epinal par le faubourg des Capucins. « Ces hommes qu'il me semble encore voir, étaient de taille moyenne et montaient de petits chevaux de race tartare. Mal vêtus, mal armés, ils portaient le bonnet de peau de mouton, la capote et le pantalon de gros drap gris, le sabre, la paire de pistolets, le knout et, en guise de lance, une longue perche surmontée

1. Puisqu'il n'était arrivé que le 6 janvier au soir à Thann.

d'un fer pointu et garnie d'une banderole
brune, le tout en fort mauvais état [1] ». Ces
cosaques parcoururent la ville et la trouvant
inoccupée repartirent aussitôt par la route de
Remiremont. Ils ne faisaient d'ailleurs que
précéder la colonne de Stscherbatoff qui fit
son entrée, une heure plus tard, dans Épinal,
traversa la ville, en y laissant quelques
postes, et alla camper à l'extrémité du faubourg de Nancy, sur le plateau de la Made-
leine, d'où l'on domine tout le cours de la
Moselle [2].

La ville, bien entendu, fut frappée d'une
contribution en vivres, vin, eau-de-vie, vêtements et chaussures ; elle s'empressa de

1. *Souvenirs d'histoire vosgienne de 1814 à 1848*, par
Ch. Charton, dans les *Annales de la Société d'émulation
des Vosges*, tome XIII, 3ᵉ cahier, 1870, page 241. Ces souvenirs, rédigés d'un style simple, sans exagération, sont
d'une véracité et d'une exactitude d'autant plus remarquables que l'auteur n'a pu avoir en sa possession, non
seulement les documents, mais même les indications géné-
rales connues aujourd'hui.

2. Là où se trouvent aujourd'hui les casernes d'artillerie
et l'arsenal. Ch. Charton : *Souvenirs*, page 242. Cette colonne ne comptait pas 200 hommes mais 700 ; à moins
qu'une partie seulement se fût portée sur Épinal, ce qui
est douteux ; même en tenant compte des partis qu'elle
avait lancée de divers côtés, il devait y avoir au moins
600 hommes.

souscrire à cette réquisition. « Du reste, les
Cosaques se conduisirent assez bien ; ils ne
se livrèrent point au pillage et se conten-
tèrent de voler, pendant qu'on le portait à
l'Hôtel-de-Ville où il devait s'en revêtir, l'habit officiel du maire, M. de Launoy; les bro-
deries en argent de cet habit avaient probablement tenté leur cupidité [1]. »

Dès le 8, les Cosaques partirent, se dirigeant sur Charmes, dressant des camps à
Châtel et à Thaon d'où ils devaient être ramenés, le surlendemain, dans un certain désordre.

L'initiative de Stscherbatoff était en effet
quelque peu hasardée, car il n'était pas encore à même d'être soutenu par les Wurtembergeois qui n'étaient le 7, qu'à Oderen et
Urbeis, et le 8 entre Fresse et Bussang,
leurs avant-gardes seules ayant poussé jusque Rupt et Ramonchamp. Quant à Platoff,
il débouchait seulement le 8 sur Éloyes.
Stscherbatoff, il est vrai, donnait la main,
par Ribeauvillé, aux partisans du colonel
Scheibler, mais, sur sa gauche, il ne parvenait pas à se lier avec la colonne volante du

1. Ch. Charton, page 242.

lieutenant-colonel comte de Thurn, malgré
les partis qu'il avait jetés vers Plombières et
Fontenoy-le-Château [1].

Le détachement de Ribeauvillé n'était d'ailleurs pas encore rentré dans la journée du 8.
En outre, tout allait peut-être se trouver remis en question par une terreur panique de
Schwarzenberg qui, sur la fausse nouvelle
que 80,000 hommes se concentraient sur le
plateau de Langres, modifiait en toute hâte
la direction du prince de Wurtemberg et lui
ordonnait, une fois parvenu à Remiremont,
de se rabattre sur sa gauche et de venir à
marches forcées. par Bains et Jussey, se re-
lier, à la hauteur de Fayl-Billot, aux Ier et IIIe
corps des généraux Colloredo et Gyulai et à
la réserve de Barclay de Tolly. Ce décousu,
cette timidité, pour ne rien dire de plus,
dans les opérations des armées alliées ; le
morcellement, on peut même dire, l'éparpil-
lement de leurs divers corps; la jalousie qui
régnait entre eux ; la lenteur dans la trans-
mission des ordres et des renseignements [2],

1. Stscherbatoff à Schwarzenberg ; d'Epinal, 7 janvier
1814 ; citée par le commandant Weil, tome 1er, page 66.

2. On a vu que la dépêche de Kellermann à Victor, interceptée dans la nuit du 7 au 8, ne parvint que le 14 au

tout dénotait un désarroi, au moins un
manque d'ensemble, dont un chef plus énergique, moins abattu, que le maréchal Victor,
n'aurait pas manqué de profiter, ne fût-ce
que pour détruire en détail les partis exposés
trop en pointe, tels que celui de Stscherbatoff.

quartier-général. La dépêche par laquelle Blücher infor-
mait Schwarzenberg de sa marche, partie le 7, n'arriva
que le 11 janvier.

CHAPITRE VI

INERTIE DU MARÉCHAL VICTOR. — MARCHE DU GÉ-
NÉRAL DUHESME SUR SAINT-DIÉ. — PATRIOTISME
DES POPULATIONS : GÉRARD, MAIRE DE RAMBER-
VILLERS. — RÉOCCUPATION D'ÉPINAL PAR LA
BRIGADE DE VOLTIGEURS DE LA GARDE DU GÉ-
NÉRAL ROUSSEAU. — LE COSAQUE SESLAWIN A
BRUYÈRES. — COMBAT DE RAMBERVILLERS ;
CHARGE BRILLANTE DES DRAGONS FRANÇAIS.

Ému cependant par l'expression non dé-
guisée du réel mécontentement de Napoléon,
stimulé par les ordres du major-général Berthier, et réconforté aussi par le patriotisme
des populations vosgiennes, le maréchal
Victor sortit de sa torpeur et conçut le projet
de reprendre l'offensive sur les points qui
n'étaient encore que faiblement occupés par
des avant-postes.

Tout d'abord, avisé qu'un parti d'une cen-

taine de Cosaques venant d'Epinal avait fait,
le 7, à cinq heures du soir, une incursion
dans Rambervillers [1], il y envoyait, le 8 au
matin, 100 cavaliers avec mission de s'assurer de la présence de l'ennemi [2], mais celui-ci avait déjà disparu, deux heures à peine
après son entrée, pour gagner Saint-Dié [3].

Dans la journée du 7 également, l'avant-
garde du général Duhesme, avant-garde lui-
même du 2e corps, s'était reportée sur Saint-
Dié et s'y était approprié les vivres préparés
par les patrouilles bavaroises ; elle avait ra-
mené le convoi à Raon, malgré la résistance
de 2 à 300 hommes d'infanterie et d'environ
200 cavaliers qui avaient voulu l'en empêcher. Piré saisissait des exemplaires de la
proclamation répandue par les alliés à pro-
fusion, et qui n'avait d'ailleurs pas produit
l'effet émollient qu'ils en attendaient [4].

1. Grouchy à Milhaud ; de Baccarat, 7 janvier 14,
11 h. 1/2 (Archives Guerre). — Victor à Berthier, 8 janvier
14, midi (Archives Guerre).

2. Grouchy à Milhaud ; de Baccarat, 7 janvier 14 (Archives Guerre).

3. Victor à Berthier ; de Baccarat, 8 janvier 14, midi
(Archives Guerre).

4. Cette proclamation, dont le général Piré saisit et envoya des exemplaires (général Piré à maréchal Victor ; de
Raon-l'Etape, 7 janvier 14 (Archives Guerre) — ils ne sont

L'esprit public, en effet, n'avait pas fléchi dans les Vosges, sauf de tristes et rares exceptions. Chacun faisait son devoir. A Rambervillers, en particulier, le maire, Gérard [1], bien que sexagénaire, déployait une énergie exceptionnelle. Cet infatigable patriote se tenait constamment au courant des mouvements de l'ennemi ; il en avertissait sans délai le général Montélégier [2] qui était le plus

plus joints à la dépêche conservée dans les cartons des Archives du Ministère de la Guerre. Cette proclamation était sans doute celle de Schwarzenberg ; on en trouvera le texte page 68-69, tome III, des *Mémoires* du maréchal de Grouchy. Elle disait entre autres choses : « Nous ne faisons pas la guerre à la France... Magistrats, propriétaires, cultivateurs, restez dans vos foyers ; le maintien de l'ordre public, le respect pour les propriétés particulières, la discipline la plus sévère marqueront le passage et le séjour des armées alliées... elles ne veulent point rendre à la France les maux sans nombre dont la France, depuis vingt ans a accablé ses voisins... » Ces assurances rencontrèrent fort peu de dupes et n'empêchèrent pas la résistance sur bien des points.

1. Gérard (Antoine-Alexis), était né à Rambervillers, le 17 janvier 1754 ; après avoir été juge de paix du canton, il avait été nommé maire le 17 décembre 1807 ; il ne cessa ses fonctions que le 5 mai 1815, pour mourir quelques mois plus tard, le 28 décembre 1815. Il habitait le château où demeure aujourd'hui le savant président de la section vosgienne du Club alpin, M. le Dr Alban Fournier.

2. Général Milhaud à Grouchy ; de Rambervillers, 10 janvier 14, 3 heures soir (Archives Guerre).

à sa portée. Victor et Grouchy étaient de
cette façon exactement renseignés sur les
forces réelles de l'ennemi et sur sa position.
Plusieurs magistrats municipaux vosgiens
rivalisaient de zèle avec Gérard, mais celui-ci se distinguait en première ligne. « C'est
un des meilleurs maires » disait de lui le
général Milhaud. C'est lui qui, par une lettre
du 8 janvier, écrite à quatre heures du
soir [1], signalait directement au maréchal Victor qu'Epinal n'était gardé que par 4,000
hommes, sur lesquels un tiers était frac-
tionné en détachements. A cette nouvelle,
Victor donnait l'ordre à Grouchy de porter
une division de dragons sur Rambervillers,
et celui-ci, d'accord avec le général Milhaud,
envoyait le colonel Chassériau, chef d'état-
major du 5e corps de cavalerie, diriger la division du général de Briche sur Rambervillers en la faisant appuyer à Roville par la
division de dragons Lhéritier et par quel-
qu'infanterie [2]. Le général de Ségur devait,

1. Maire de Rambervillers à maréchal Victor ; 8 janvier
14 (Archives Guerre).
2. Victor à Grouchy et Milhaud à Chasseriau, en marge
de la lettre du maire Gérard, 8 janvier 14 (Archives
Guerre).

de Sarrebourg, se rendre aussi à Rambervillers avec ses Gardes d'honneur et s'y
mettre sous les ordres du général Defrance [1].

Tout en prenant ces mesures un peu plus
vigoureuses, Victor n'en cherchait pas moins
à se disculper devant le major-général de sa
faiblesse et à justifier son inaction des jours
précédents ; il les mettait sur le compte de
l'insuffisance de ses effectifs pour lesquels il
réclamait du renfort à grands cris [2].

La reprise de l'offensive était d'ailleurs
générale, car, à l'heure même où Victor se
décidait à débusquer l'ennemi de Rambervillers, la brigade du général Rousseau [3],
distraite de la division de Jeune-Garde du
général Meunier [4], s'avançait, par l'ordre du

1. Général Grouchy à général de Ségur ; de Baccarat,
9 janvier 14 (Archives Guerre).

2. Maréchal Victor à maréchal Berthier ; de Baccarat,
8 janvier 14, midi (Archives Guerre).

3. Le général Rousseau (Guillaume-Charles), né à Ma-
reil (Sarthe), le 27 novembre 1772, avait été major du
6e voltigeurs, le 18 septembre 1811, puis major-colonel
du régiment des fusiliers-chasseurs de la garde impériale, le 1er mars 1813. Nommé général de brigade, le
21 décembre 1813, il avait conservé le commandement de
la brigade où se trouvait son ancien corps. Il mourut au
Mans, le 1er octobre 1834.

4. Le général baron Meunier (Claude-Marie), était le
gendre du grand peintre Louis David. Né à Saint-Amour

maréchal Ney, de Charmes sur Epinal et, le
9 janvier, réoccupait la ville après un court
engagement contre les Cosaques du général
Grékow le 8e [1], qui était venu renforcer
Stscherbatoff. Le général Rousseau s'était
rencontré avec les Cosaques à la hauteur de
Châtel ; ceux-ci reculèrent sans accepter le
combat [2]. Poursuivis avec vigueur, ils durent faire tête en arrivant aux premières
maisons de la ville, et le combat eut lieu
dans les faubourgs de la rive gauche de la
Moselle où les voltigeurs de la garde pénétrèrent pêle-mêle avec les Cosaques. La population se porta en foule sur les trois ponts
du canal des Grands-Moulins [3] pour assister
à l'affaire, au risque d'en recevoir les écla-
boussures. Mais comme ce fut surtout une

(Jura), le 5 août 1770, il avait été colonel du 9e léger,
général de brigade, le 8 janvier 1810 ; général de division, le 5 novembre 1813. Il mourut à Paris, le 14 avril
1846.

1. C'est la coutume dans l'armée russe, lorsqu'il y a
plusieurs officiers du même nom et du même grade de
les désigner par un numéro d'ordre, au lieu de les dis-
tinguer par leurs prénoms. C'est ainsi que nous voyons
Grékow le 8e, Pantchoulitcheff le 2e, Boradin le 2e, Ilowaïski le 12e, Kaïssarow le 2e, Rebrikoff le 3e, etc...

2. Ch. Charton : *Souvenirs d'histoire vosgienne.*

3. Ch. Charton, *ibidem.*

mêlée de cavalerie, et les Français n'ayant avec eux qu'un unique canon [1], les habitants coururent peu de dangers et purent assister paisiblement au spectacle des Cosaques fuyant à tire d'aile sur la route de Remiremont, poursuivis jusque vers Pouxeux, emportant en croupe leurs blessés et laissant quelques morts sur le terrain [2]. C'est dans ce petit combat qu'un enfant de quinze ans, un gamin d'Epinal, aurait empoigné par le fourreau de son sabre un colonel de cosaques qui s'enfuyait ; un paysan serait alors survenu et aurait tenu le cheval par la bride, tandis qu'un cavalier de la garde (?) aurait tué ce colonel. C'est du moins ce qui ressort d'un rapport officiel du général Milhaud [3].

1. Ch. Charton, *ibidem*.

2. Il y aurait eu 8 morts de chaque côté, d'après le rapport du comte Colchen, du 12 janvier (Archives Guerre).

3. Général Milhaud à général Grouchy, de Rambervillers, 10 janvier 14, 3 heures du soir (Archives Guerre). « Un renseignement positif m'apprend », etc., etc... Nous n'avons pu trouver nulle part la confirmation sérieuse de cette nouvelle, et à notre connaissance, aucun colonel de Cosaques n'a été tué à Epinal. Le général Milhaud, bien qu'Auvergnat de naissance, n'en serait pas d'ailleurs à sa première gasconnade. Il convient de remarquer dans son récit ce détail que c'est un cavalier *de la Garde* qui au-

Pendant le combat, un officier d'origine
vosgienne, le capitaine d'Hennezel, aide-de-
camp du général Cassagne, se montrant à
cheval et l'épée haute, à la tête du pont des
Quatre-Nations, s'adressa à la multitude et
lui cria : « Levez-vous en masse et joignez-
vous à nous [1]». La population qui au surplus

rait frappé le chef cosaque ; ce fait seul doit suffire pour
nous mettre en méfiance du reste, la cavalerie de la
Garde, sous les ordres de Nansouty, n'ayant point coopéré
à la défense des Vosges et se trouvant alors en Champagne. La mort d'un colonel russe est cependant rappor-
tée également dans un rapport du comte Colchen, d'après
un avis du Préfet des Vosges, du 12 janvier 14 (Archives
Guerre). Charton, si exact, si bien informé, ne la mentionne pas ; ce qui est caractéristique, en raison du fait
qui était de nature à frapper un historiographe local.
Ainsi, du reste, que le fait remarquer le général de Ségur, dans ses intéressants *Mémoires* (tome III, page 213) :
« A les en croire, il n'y avait pas d'officier blessé qui ne
fût un prince ou un général... » L'ennemi n'était pas en
reste avec le général Milhaud pour les exagérations ;
Stscherbatoff prétendait avoir eu affaire le 9 janvier, à
4,000 hommes et 500 chevaux (Kriegs.-Archiv. Haupt., —
Armée XIII-56) et lui aussi annonçait — à tort — qu'un
colonel français était hors de combat (Kriegs-Archiv., I-30,
p. 8). D'après lui, Platoff rapporte qu'il y avait « quatre
colonnes d'infanterie, 5 escadrons et 3 bouches à feu »
(Platoff au Prince-Royal de Wurtemberg ; de Pouxeux,
9 janvier 1814, cité par le commandant Weil, tome Ier,
page 81).

1. Ch. Charton : *Souvenirs d'histoire vosgienne.*

ne comptait plus guère de sujets valides,
resta sourde à cet appel, d'ailleurs inutile,
en présence de la rapidité avec laquelle les
Cosaques rebroussèrent chemin, laissant la
route couverte de traces de sang, et jetant
sans pitié dans la Moselle plusieurs de leurs
camarades blessés grièvement, afin de ne
pas ralentir leur marche[1]. Le combat com-
mencé à l'entrée d'Epinal se poursuivit jusqu'à la nuit et s'acheva à la sortie de la ville.
Les généraux Cassagne et Duvignau s'y réins-
tallèrent, pendant que les Cosaques allaient
chercher un asile à Pouxeux, auprès de l'a-
taman Platoff, qui venait d'y arriver.

Par une déplorable fatalité, au moment
même où les Français rentraient ainsi en
vainqueurs dans Epinal, Bruyères était occupé par l'ennemi. Un des plus audacieux
chefs de partisans de la cavalerie russe, le
général-major Seslawin, qui avait d'abord pro-
jeté d'aller par un *raid* audacieux rejoindre
Wellington dans le Midi de la France en traversant au galop tout notre pays dans une
folle chevauchée ; puis qui s'était escrimé

1. Rapport du comte Colchen, du 12 janvier 1814, d'a-
près une lettre du Préfet des Vosges; du 10 janvier (Archives Guerre).

quelques jours avant, aux environs de Saverne, avec les Gardes-d'honneur du général
de Ségur, se jeta brusquement sur Bruyères
avec ses escadrons [1] et s'y établit sans rencontrer d'obstacle. Séance tenante il adressait à de Wrède les renseignements circons-
tanciés qu'il avait recueillis sur nos positions [2]; il lui adressait même quelque chose
de plus précieux, une lettre du maréchal
Victor au général Cassagne, saisie sur un
officier de hussards capturé par les Cosaques. Cette lettre fixait les alliés sur les
projets ultérieurs du maréchal et sur le
nombre des troupes dont il disposait [3].

Ce même jour, du 9 janvier, où Epinal
rouvrait ses portes à l'armée française et
où, par contre, Bruyères était envahie par
les Cosaques, un engagement des plus sérieux, indice de l'offensive de Victor, avait

1. Deux régiments de Cosaques et quelques hussards.

2. Général Seslawin à général comte de Wrède; de
Bruyères, 9 janvier 1814; cité par le commandant Weil,
tome Iᵉʳ, page 79. On y trouve quelques exagérations de
chiffres.

3. Cette lettre est datée de Baccarat, 9 janvier 1814.
Victor y revendique le droit de disposer seul de la division
de Jeune-Garde du général Meunier. Ainsi, même à ce
moment, se faisait jour la mesquine préoccupation de ne
rien céder à un rival.

5.

lieu à Rambervillers. On a vu les mesures
dictées au maréchal Victor pour préserver
cette ville des insultes des Cosaques qui
étaient venus, à quelques centaines, caracoler dans ses rues dès le 5 janvier. Suivant
ses ordres, les dragons de la division du général de Briche [1] y surprenaient, le 9 janvier,
200 Cosaques venus pour réquisitionner et
qui négligèrent complètement de s'y garder [2].
La brigade Montélégier (2e, 6e et 11e dragons)
se scinda en deux fractions : l'une, avec le
général Montélégier [3] aborda par le côté nord
Rambervillers de front, appuyée par la bri-

1. Le général vicomte de Briche (André-Louis-Elisabeth-
Marie) était né à Neuilly-sous-Clermont (Oise), le 12 août
1772 ; après avoir été colonel du 10e hussards, il fut
nommé général de brigade le 17 décembre 1809, général
de division le 19 novembre 1813 ; il mourut à Marseille le
21 mai 1825.

2. Général Grouchy au maréchal Victor ; général Grouchy à maréchal Berthier ; de Baccarat, 10 janvier 1814
(Archives Guerre).

3. Le général vicomte de Montélégier (Adolphe-Simon-
Gabriel Bernon), né en 1780, avait été colonel du 26e dragons ; général de brigade, le 30 mai 1813, il devint général
de division le 25 avril 1821, et mourut à Bastia, le 27 octobre 1825.

Le 2e dragons avait 24 officiers, 235 hommes.

Le 6e   —   —   15   —   214   —

Le 11e   —   —   25   —   283   —   (Etat non
daté aux Archives Guerre.)

gadé du général Ludot (13ᵉ et 15ᵉ dragons) [1],
tandis que le colonel Hoffmayer, du 2ᵉ dragons, tournait la ville par la route d'Epinal,
et entrait dans Rambervillers par la rue
Notre-Dame. Les deux groupes de cavalerie
enfoncèrent l'ennemi, le culbutèrent en un
clin d'œil, puis le poursuivirent l'épée dans
les reins jusque dans les rues de Rambervillers toutes blanches de neige [2]. Le chef
d'état-major de la division de Briche, l'adjudant-commandant de La Condamine, tua un
cosaque de sa main et en blessa plusieurs
autres [3]. Beaucoup de Cosaques furent tués;
une trentaine faits prisonniers. De notre
côté, le sous-lieutenant Martineau, du 6ᵉ dragons, avait été blessé, ainsi que plusieurs

1. Le général Ludot (Denis-Eloi) était un neveu de Dan-
ton, et le frère d'un conventionnel; né à Arcis-sur-Aube
(Aube), le 25 juin 1768, il avait été colonel du 14ᵉ dragons; général de brigade le 30 mai 1813, et mourut à
Arcis-sur-Aube, le 14 septembre 1839. — Le 13ᵉ dragons
comptait 20 officiers, 207 hommes; le 15ᵉ, 25 officiers,
286 hommes. (Etat non daté aux Archives Guerre.)

2. Général de Grouchy au maréchal Victor; de Baccarat, 10 janvier 1814 (Archives Guerre), et général Milhaud à général de Grouchy; de Rambervillers, 10 janvier 1814.

3. Général de Grouchy au maréchal Victor; cet officier
fut proposé pour officier de la Légion d'honneur.

dragons [1]. Les patriotes habitants de Rambervillers firent aux dragons un chaleureux accueil aux cris : Vive l'Empereur ! vive la France [2] !

Indépendamment de l'avantage remporté sur la cavalerie ennemie, le combat de Rambervillers avait pour résultat de reprendre pied solidement dans les Vosges et d'y créer un point d'appui stratégique d'où l'on pouvait se diriger, aussi bien sur Saint-Dié que sur Épinal ou Bruyères. Rambervillers allait ainsi devenir le pivot de la résistance, puis de la retraite.

1. On m'assure que le peintre lorrain Gridel aurait peint un tableau très exact, représentant la charge des dragons à Rambervillers. Je regrette de n'avoir pu en prendre connaissance avant l'impression de cette étude.

2. Général Milhaud à général de Grouchy ; de Rambervillers, 10 janvier 1814, 3 heures soir (Archives Guerre).

CHAPITRE VII

PROGRÈS DANS LES VOSGES DES WURTEMBERGEOIS ET
DES BAVAROIS. — RAMBERVILLERS, CENTRE DE LA
RÉSISTANCE. — LES GARDES D'HONNEUR DU GÉ-
NÉRAL DE SÉGUR. — COMBAT DE SAINT-DIÉ ; RE-
TRAITE DES GÉNÉRAUX DUHESME ET PIRÉ. —
PLAN TARDIF DU MARÉCHAL VICTOR.

Pendant que se livraient ces combats, le
IVe corps (Wurtemberg) poursuivant sa marche
sur Remiremont, était parvenu autour de Ramonchamp [1]. Quant au Ve corps, le général
de Wrède, rassuré enfin sur ses flancs et ses
derrières, allait se décider à le porter sur
Saint-Dié [2]. Il devait s'y heurter aux troupes
de la division Duhesme qui s'avançait de
Raon-l'Étape, pour exécuter le mouvement

1. Commandant Weil : *La Campagne de 1814*, tome Ier,
page 74.
2. Commandant Weil, page 78.

général offensif trop tardivement ordonné par le maréchal Victor.

L'attaque de Saint-Dié, par le général Duhesme, n'était dans la pensée du maréchal [1] que le prélude de l'attaque d'Épinal et en même temps son excuse d'avoir abandonné Saverne et de s'être laissé couper de la route de Metz, comme le lui reprochait si justement Napoléon [2]. Dans le combat qui devait suivre, il espérait acheter son pardon par une victoire.

L'irruption soudaine de Blücher l'aurait, il est vrai, séparé quand même de la route de Metz, mais il est certain qu'il aurait pu cependant, nous l'avons vu, défendre les gorges des Vosges avec un peu plus de ténacité. Saverne notamment n'aurait pas dû être dégarni aussi rapidement. C'est merveille que

1. Maréchal Victor à maréchal Berthier ; de Baccarat, 9 janvier 1814 (Archives Guerre).

2. Maréchal Victor à maréchal Berthier ; de Baccarat, 9 janvier 1814, 2 heures soir (Archives Guerre). Victor y prétend à tort que c'est l'arrivée des alliés à Saint-Dié qui l'a empêché de se porter sur Saverne. Il avait abandonné ce point bien avant l'apparition des Bavarois devant Saint-Dié ; quant à s'y reporter depuis Baccarat, rien dans ses ordres ne fait croire qu'il en ait jamais eu l'intention, bien au contraire, son indolence, une fois abrité à Baccarat, fut complète.

la seule brigade du général de Ségur (1,800 cavaliers) ait pu y tenir tête aux Cosaques de Seslawin, et quand ces jeunes Gardes d'Honneur se furent repliés sur Sarrebourg où ils protégeaient encore la route de Lunéville et de Nancy, Grouchy les faisait accourir, par ordre de Victor, ainsi que nous l'avons relaté, pour venir en deux marches par Blamont, Ogéviller, Flin et Magnières [1], se poster à Rambervillers où devait s'accomplir la concentration de toutes les troupes françaises, et où le général Defrance devait venir de Nancy prendre le commandement de tous les régiments de Gardes d'Honneur. Cette marche forcée des Gardes d'Honneur, marche de flanc dangereuse, sur Rambervillers fut extrêmement pénible. « Le temps était horrible ; les chemins de traverse, défoncés, disparaissaient dans une neige qui tombait à gros flocons [2] ». En arrivant harassés à Rambervillers, encombré de troupes, le 10 jan-

1. Général de Grouchy à général de Ségur, à Sarrebourg ; de Baccarat, 9 janvier 1814. « Partez de suite et rendez-vous en deux marches à Rambervillers..., je m'y rends demain avec le général Defrance ; je vous y embrasserai après demain » (Archives Guerre).

2. *Mémoires du général Ph. de Ségur*, nouvelle édition tome III, page 103.

vier, à sept heures du soir, après douze
heures de marche, ces jeunes cavaliers épui-
sés ne trouvèrent préparés « ni vivres, ni
fourrage, ni logement [1] » ; ils durent passer
toute la nuit « la bride au bras, dans un champ
de boue, la neige venant de se transformer
en une pluie à verse [2] ». Le général lui-même
resta la nuit, « près d'un feu, sur la place de
Rambervillers, » attendant des ordres. Ce
n'est qu'à onze heures du soir, qu'il put
joindre le maréchal Victor, qui allait se
mettre à table « dans une pauvre maison
bourgeoise, » et « dans une salle basse, sâle
et humide, » près d'une « table où de rares
chandelles éclairaient à peine des aliments
indispensables servis dans des plats de terre »
à quelques officiers « couverts d'uniformes
usés [3] ».

Le duc de Bellune méditait en effet, une
fois qu'il aurait groupé toutes ses forces sous
sa main à Rambervillers — et il comptait que
la concentration en serait opérée pour le 11

---

1. *Mémoires du général Ph. de Ségur ; ibidem.*

2. *Ibidem.* — Ségur juge cette marche « inutile » parce
qu'il ignorait les projets du maréchal Victor, et qu'il sup-
pose qu'il s'agissait de se retirer sans combattre ».

3. *Ibidem.*, pages 106 et 107.

janvier — porter Grouchy sur Épinal, tandis
que lui-même, avançant les troupes du 2e
corps de Baccarat sur Rambervillers, se serait ainsi tenu à égale distance de Duhesme
et de Grouchy, en bonne posture pour se
porter, au gré des événements, vers l'un ou
l'autre de ses lieutenants.

Tandis que ces différentes marches s'exécutaient en vue de la concentration, le maréchal Victor, sans bouger toutefois de son
tranquille refuge de Baccarat, dictait ses instructions afin de s'emparer d'abord de Saint-
Dié. On y retrouve les traces de son extrême
prudence, résultat des craintes exagérées
qu'il éprouvait et dont elles sont tout em-
preintes. Au surplus, il était préférable d'ac-
cumuler les précautions, alors qu'on allait
s'avancer contre un ennemi assurément très
proche, et dont on ignorait la force et la position.

Le général Duhesme devait quitter Raon-
l'Étape dès la pointe du jour, le 10 janvier ;
arrivé à Saint-Blaise, entre La Neuveville et
Étival, il devait envoyer un parti de cavalerie
vers Saales, par la vallée du Rabodeau, pour
couvrir sa gauche, alors que déjà avant son
départ de Raon, un officier et vingt cavaliers

s'étaient dirigés vers Celles pour y explorer la vallée de la Plaine [1].

Une fois ces prudentes mesures adoptées, «l'attaque de Saint-Dié doit être brusque et franche», ajoutait le maréchal. C'était une recommandation superflue pour un chef aussi vigoureux, aussi résolu et expérimenté que Duhesme, «le vieux, l'habile et intrépide Duhesme [2]», l'un des rares survivants, dans les armées impériales, des vieux soldats de la République [3], un vrai grognard sec et dur, «figure bourgeonnée» et «l'air refrogné [4]»;

1. Maréchal Victor au général de Grouchy; de Baccarat, 9 janvier 1814 (Archives Guerre).

2. *Mémoires du général Ph. de Ségur,* nouvelle édition, tome III, pages, 126, 134, et 143.

3. Le général comte Duhesme (Guillaume-Philibert), né au Bourgneuf (Saône-et-Loire), le 6 juillet 1766, avait organisé un corps de chasseurs volontaires, dès 1792 et assista à toutes les batailles des armées du Rhin, du Nord et de Sambre-et-Meuse. Général de brigade, le 12 avril 1794, il devint général de division dès le 8 novembre 1794 et exerça plusieurs commandements importants. Commandant d'une division de grenadiers de la Vieille-Garde en 1815, il fut mortellement blessé à la bataille de Waterloo et succomba à Genappe (Belgique), le 20 juin 1815, achevé, dit-on, par les Prussiens. Son fils est mort, en 1870, général de division de cavalerie; un de ses petits-fils est actuellement général de division aussi dans la cavalerie; un autre est colonel du 6e chasseurs à cheval.

4. *Mémoires* du général Thiébault, tome II, page 295.

volontiers frondeur [1], mais soldat incomparable au feu, ardent et calme, « toujours si épris de son art et des émotions de la guerre »; « vétéran renommé se plaisant toujours au péril, comme vingt-deux ans auparavant [2] ».

« La France possédait peu de généraux d'une trempe aussi vigoureuse » que ce chef dont Napoléon disait que « soldat intrépide et général consommé... » il était « ferme et inébranlable dans la mauvaise comme dans la bonne fortune », et qu'il avait le talent de « se faire aimer des soldats qui le voyaient partager tous leurs dangers » tant il se plaisait au milieu d'eux.

Mais aussitôt après cet ordre viril, le maréchal semblait le regretter et quelle que fût l'issue du combat, échec ou succès, le général Duhesme devait laisser seulement sa cavalerie en observation à Saint-Dié et se replier, avec le gros de ses troupes, sur Saint-Michel, derrière la Meurthe [3].

Le 10 janvier, dès l'aube, la division Du-

1. Général Laffaille : *Campagne de l'armée des Pyrénées en Catalogne*, en 1808, pages 336 et 337.

2. *Mémoires du général Ph. de Ségur*, tome III, pages 126, 134 et 143.

3. Maréchal Victor à général de Grouchy ; de Baccarat, 9 janvier 1814 (Archives Guerre).

hesme (3e du 2e corps) appuyée par la 9e division de cavalerie légère du général Piré (brigades Subervie et du Coëtlosquet), se porta de Raon-l'Étape, par La Voivre, sur Saint-Dié. Elle s'avança avec entrain, pourtant bien faible d'effectif. En apparence, sur le papier, elle comprenait cinq régiments, mais l'un deux (le 7e léger) était retenu en entier à Huningue, en formation, et quant aux quatre autres, (11e léger, 2e, 4e et 72e de ligne), ils n'avaient de présent que leur 1er bataillon ; le reste était au dépôt. Ces quatre bataillons étaient d'ailleurs, on l'a vu précédemment, d'effectif fort amoindri et fort variable. Si le 4e de ligne, avec le colonel Mater, les commandants Colomb d'Arcine et Delachau, comptait 43 officiers et 1,194 hommes ; le 72e, colonel Barthélémy, n'avait que 26 officiers et 498 hommes ; le 2e de ligne, major Pétel et commandant Balthazar d'Arcy, ne comprenait même que 25 officiers et 380 hommes et le 11e léger, commandant Signoretti, présentait 29 officiers et 467 hommes. C'était un total de 2,600 hommes environ[1].

1. État d'organisation joint à la lettre du maréchal Berthier à Clarke, ministre de la Guerre, du 25 décembre 1813 (Archives Guerre).

Quant à la 9º division de cavalerie légère de
Piré, elle n'avait de présents au corps que
50 officiers et 300 hommes des 3ᵉ hussards,
14ᵉ, 26ᵉ et 27ᵉ chasseurs [1]. Son chef était un
très jeune et vigoureux officier d'avant-garde
qui avait fait ses preuves [2] et les deux généraux de brigade, Subervie et du Coëtlosquet,
étaient également des officiers de mérite [3].

1. État non daté, mais vraisemblablement de décembre
1813 (Archives Guerre).

2. Le général marquis de Piré de Rosnyvinien (Hippo-
lyte-René-Guillaume), né à Rennes, le 31 mars 1778, avait
été colonel du 7ᵉ chasseurs; général de brigade, le 10 mars
1809 et général de division, le 15 octobre 1813. Il mourut
à Paris, le 20 juillet 1850. Son fils, député d'Ille-et-Vilaine
au Corps législatif du second Empire, s'y fit une certaine
notoriété par ses saillies parfois humoristiques.

3. Le général Subervie est le même qui fut ministre de
la Guerre de la République de 1848 et représentant du
peuple à l'Assemblée Constituante, après avoir été député
de l'opposition sous le règne de Louis-Philippe. Né à Lec-
toure (Gers), le 1ᵉʳ septembre 1776, Subervie (Jacques-Ger-
vais), après avoir été colonel du 10ᵉ chasseurs à cheval, avait
été nommé général de brigade, le 6 août 1811; il devint
général de division, le 3 avril 1814. Après avoir joué un
certain rôle politique, il mourut à Parenchère (Gironde),
le 10 mars 1856.

Quant au général comte du Coëtlosquet (Charles-Yves-
César-Cyr), il était ancien aide-de-camp et parent du fa-
meux général Lassalle. Né à Morlaix (Finistère), le 21 juillet 1783, il avait été colonel du 8ᵉ hussards, puis général
de brigade, le 15 octobre 1813, ayant à peine trente ans;

C'était peu, mais c'était assez avec un général entreprenant, alors surtout que l'ennemi n'occupait Saint-Dié que par des postes avancés chargés de lui procurer des vivres que Piré n'avait eu aucune peine à lui dérober quelques jours auparavant [1], le 7 janvier.

Le premier élan de ces troupes eût certainement suffi pour enlever la ville aux Bavarois, les déloger même des villages environnants et les refouler sur les pentes des montagnes. Mais, par une fâcheuse coïncidence, à l'heure même où le maréchal Victor se décidait à porter en avant la division Duhesme, le feldmaréchal de Wrède, enfin « convaincu de l'inutilité de la présence de ses forces en

lieutenant-général, le 25 avril 1821 ; il mourut à Beffes (Cher) en 1836. Il appartenait à la même famille que le comte du Coëtlosquet (Joseph-Charles-Maurice), qui a épousé une demoiselle Deguerre, de Rambervillers, où il habite. C'est de lui dont parlait Napoléon lorsque, le présentant à son régiment, il disait : « Voici votre nouveau, colonel ! C'est le plus jeune de l'armée, mais je n'en ai pas trouvé de plus brave ».

1. Maréchal Victor au maréchal Berthier; de Baccarat, 7 janvier 1814, midi. — Général Piré au maréchal Victor; de Raon-l'Etape, 7 janvier 1814. — Maréchal Victor au maréchal Berthier; de Baccarat, 8 janvier 1814, midi (Archives Guerre).

Alsace [1] », ordonnait au général von Deroy [2], commandant la 2ᵉ brigade de la division de La Motte, d'occuper solidement Saint-Dié [3], qui devait être le pivot des opérations ultérieures du Vᵉ corps.

Dans la matinée, un demi escadron du 5ᵉ chevau-légers bavarois, 30 cosaques et une compagnie d'infanterie sortirent de Saint-Dié en pointe d'avant-garde et vinrent donner de la tête contre les colonnes de Duhesme [4]. Cette faible troupe céda devant l'entrain de nos soldats qui pénétrèrent, pêle-mêle avec elle, dans les rues de Saint-Dié. Une fois que Duhesme eut chassé les quelques

1. Commandant Weil : *La Campagne de 1814*, tome Iᵉʳ, page 91.

2. Il ne faut pas confondre ce général von Deroy (ou Deroi) avec son père, le général von Deroi (Bernard-Erasme) qui, né le 11 décembre 1743, avait pris part à la guerre de Sept-Ans, et aux campagnes de la Révolution, puis avait commandé en chef les troupes bavaroises incorporées dans la Grande-Armée, et succomba, le 23 août 1812, aux blessures qu'il avait reçues, le 18, dans les rangs français, à la bataille de Polotsk. Celui-ci était simple général de brigade en 1814.

3. Commandant Weil, tome Iᵉʳ, page 91. Le maréchal Victor était donc inexactement renseigné quand il écrivait, le 9, à Berthier qu'Epinal était occupé par 3 à 4,000 hommes, Saint-Dié par 2,000 hommes (Archives Guerre).

4. Commandant Weil, tome Iᵉʳ, page 91.

centaines de Bavarois qui lui disputaient la
ville, il s'y établit et les fit poursuivre sur
Sainte-Marguerite par la cavalerie de Piré,
renforcée de deux bataillons d'infanterie [1].
Les Bavarois cherchèrent à faire volte-face
aux approches de Sainte-Marguerite pour empêcher la poursuite, mais, les chasseurs et
les hussards de Piré, vigoureusement enlevés
par leurs chefs, les sabrèrent et les rejetèrent hors du village qu'ils traversèrent
à leur suite et vinrent déboucher dans la
plaine. Dès que nos cavaliers légers eurent
quitté l'abri que leur offraient les maisons de
Sainte-Marguerite, ils reçurent de face les décharges de plusieurs colonnes considérables
d'infanterie qui sortaient en masse de Coinches [2] et se déployaient à peu de distance.
Piré fit avancer son infanterie qui riposta au
feu de l'ennemi, tandis que sous les ordres
du général Subervie et du colonel Miller, du
26e chasseurs [3], qui se signalèrent particulièrement, nos cavaliers, redoublant d'ardeur,

---

1. Général Piré au général Grouchy; de Nompatelize,
10 janvier 1814, 6 heures soir (Archives Guerre).

2. Général Piré à Grouchy; de Nompatelize, 10 janvier
1814 (Archives Guerre).

3. Ce vaillant officier fut tué, peu de temps après, au
combat de Saint-Dizier, le 26 janvier 1814.

cherchaient à contenir l'ennemi. Dans cette
courte lutte, le général Deroy fut grièvement
blessé au moment où il lançait sa brigade et
passa le commandement au lieutenant-colonel
von Treuberg, du 9ᵉ de ligne [1].

Mais devant le développement et l'intensité
de la fusillade, bientôt augmentée du feu
de trois pièces de canon [2], embusquées à
l'entrée de Coinches, qui tiraient sur nous à
mitraille et à boulets, le général Piré dut se
replier sur Saint-Dié. Duhesme envoya aussitôt pour le recueillir un bataillon et quelques pièces dont le tir fut des plus efficaces.
Piré mit « une bonne heure [3] » pour opérer,
pas à pas, sa retraite, sous le feu très vif de
l'ennemi, regrettant de ne pouvoir « exécuter de charges, attendu la nature du terrain [4] ».

Malgré la blessure du général Deroy, les

1. Commandant Weil, tome Iᵉʳ, page 91. Le général
Plotho, tome III, indique le lieutenant-colonel Treuberg
comme colonel du 10ᵉ de ligne ; celui du 9ᵉ de ligne serait
le colonel Théobald.

2. Général Piré à Grouchy ; 10 janvier 1814 (Archives
Guerre).

3. Général Piré au général Grouchy ; 10 janvier (Archives
Guerre).

4. Général Piré au général Grouchy ; de Nompatelize,
10 janvier 1814, 6 heures soir (Archives Guerre).

colonnes bavaroises, évaluées à 5 ou 6,000 hommes [1], continuèrent leur marche sous la protection de l'artillerie. Dirigées par le colonel von Treuberg, elles prononcèrent l'attaque contre la ville de Saint-Dié, de front et en la tournant par les deux côtés à la fois. La division Duhesme fit bonne contenance, mais son artillerie, « mal servie », resta « sans effet [2] » et les Bavarois purent, sans subir de grandes pertes, aborder la ville et y pénétrer par le faubourg d'Alsace [3]. Duhesme ordonna alors la retraite qui eut lieu, vigoureusement pressée par l'ennemi, à travers les rues de la ville. Il était temps de s'y résigner, car l'autre brigade bavaroise, celle du général-major von Habermann, envoyée par le général de La Motte, accourait au pas gymnastique, avec quatre canons et eût infailliblement coupé la retraite à Duhesme. Toutefois, la poursuite s'arrêta aux dernières maisons de la ville et les Bavarois n'osèrent pas s'engager dans « les gorges [4] » où s'étaient retirés les Fran-

1. Général Piré au général Grouchy ; *idem.*

2. *Idem.*

3. Quelques maisons y conservent encore des traces du combat ; l'une d'elles conserve, incrusté dans sa façade, un boulet bavarois.

4. Général Piré à général Grouchy ; de Nompatelize,

çais. Nous n'avions perdu que 25 hommes

10 janvier 1814, 6 heures soir (Archives Guerre). Il est assez
singulier de constater que les historiques régimentaires
des corps français qui combattirent à Saint-Dié et à Epinal sont muets sur ce fait d'armes. L'historique du 2ᵉ de
ligne se borne à dire que le corps a fait la campagne de
France ; quant à celui du 72ᵉ, il mentionne, faussement,
la retraite du 2ᵉ corps sur la Marne par Epinal et Chaumont, mais ne parle pas de l'engagement devant Saint-
Dié. L'historique du 4ᵉ de ligne ne parle que de la concentration à Baccarat, sans citer un seul combat et cependant à la liste des officiers tués ou blessés, de 1796 à 1870,
figurent les deux officiers Izoard et Drouet, sous la mention :
combat de Saint-Dié.

Seul, l'historique du 98ᵉ de ligne traite avec quelque
détail du combat d'Epinal, ce qui peut sembler étrange, ce
régiment n'étant pas de ceux qui prirent part à la lutte.
Mais le 98ᵉ reçut dans ses rangs, en 1871, le 2ᵉ voltigeurs
de la Garde, dont il se considère comme l'héritier, et à ce
titre, il expose les faits d'armes auxquels ce corps a pris
part, moins oublieux ainsi d'un passé glorieux que les 2ᵉ,
4ᵉ et 72ᵉ de ligne dont les numéros parurent cependant
sur les champs de bataille des Vosges.

Abel Hugo, dans la *France militaire* (tome V, page 200),
consacre une colonne au récit, parfois inexact, des combats
de Saint-Dié et d'Epinal ; il semble croire que c'est une
seule affaire livrée le même jour.

Le général de Vaudoncourt, dans son ouvrage : *Histoire
des campagnes de 1814 et 1815* (tome Iᵉʳ, livre II, chapitre II,
pages 153 à 157), commet une erreur en plaçant le combat
de Saint-Dié le même jour que ceux de Rambervillers et
d'Epinal, qui eurent lieu, l'un la veille et l'autre le lendemain. Il attribue, à tort également, le soin à la division
Lhéritier d'appuyer le général Duhesme, alors que ce fut
la division Piré. Du reste, les erreurs foisonnent dans cet

tués ou blessés, et 25 chevaux [1], mais plus de 240 prisonniers [2] ; le capitaine Grellet, du 2ᵉ de ligne; les sous-lieutenants Izoard et Drouet, du 4ᵉ de ligne, étaient blessés. Quant aux Bavarois, en sus de leur général, leur perte se montait à une centaine d'hommes [3].

Duhesme et Piré se retirèrent sur Saint-Michel et Nompatelize, position qu'ils quittèrent le lendemain, dès 3 heures du matin, pour se rendre à Rambervillers. Les Bavarois se bornèrent à placer quelques postes sur les routes de Raon et de Rambervillers ; toutefois, un bataillon et un demi-escadron [4] poussèrent, par la colline des Rouges-Eaux, jusque Bruyères déjà occupé par les cosaques de Seslawin et de la cavalerie wurtembergeoise. Les partisans du colonel Scheibler, de leur côté, avaient lancé depuis Lützelhausen, des cosaques et des hussards sur

ouvrage, longtemps réputé, et nous aurons occasion d'en signaler d'autres.

1. Général Piré à général Grouchy ; de Nompatelize, 10 janvier 1814; 6 heures soir (Archives Guerre). Le maréchal Victor annonce à Berthier 200 hommes tués ou blessés ; de Rambervillers, 11 janvier 1814 (Archives Guerre).

2. Commandant Weil : *Campagne de 1814*, tome Iᵉʳ, page 92.

3. *Id., ibidem.*

4. *Id., ibidem.*

Schirmeck et leurs éclaireurs se montraient aux approches de Raon-l'Étape [1].

Les forces ennemies s'accroissaient ainsi de toutes parts, resserrant le cercle autour du faible 2e corps. Les vallées de la Moselle, celles de la Vologne et de la Mortagne étaient surtout inondées de troupes s'avançant en éventail pour se rejoindre ensuite sur Épinal. C'est ainsi qu'en outre du millier d'hommes cantonnés à Bruyères [2], des nuées de cosaques étaient signalées vers Corcieux, et ces cavaliers, quoique « très mal montés [3] », semaient la terreur sur leur passage. Les reconnaissances du général Milhaud, bien qu'assez fortes, ne pouvaient dépasser Grandvillers [4]. L'une d'elles qui n'était pas rentrée le soir du 10, paraissait fort compromise [5]. Girecourt était envahi par 200 cosaques [6], et

1. Commandant Weil : *Campagne de 1814*, tome Ier, page 92.

2. Ces Cosaques n'ont guère laissé de souvenirs dans le pays, sauf celui de leur avidité à manger sucre et chandelles, et à boire du « schnaps ».

3. Général Piré à Grouchy ; de Nompatelize, 10 janvier 1814, 6 heures soir (Archives Guerre).

4. Général Grouchy au maréchal Victor ; de Rambervillers, 10 janvier 1814, soir (Archives Guerre).

5. *Id., ibidem.*

6. *Id., ibidem.*

6.

bien qu'Epinal eût été réoccupé la veille par les troupes françaises, il était évident que le général Cassagne devait s'attendre à y être attaqué avant peu et qu'on était à la veille d'une action décisive.

Aussi, le général de Grouchy, dont l'activité et la vigilance ne se démentirent pas un instant pendant ces quelques jours de campagne, invitait-il le maréchal Victor à sortir de sa quiétude, à renoncer à sa tranquille retraite de Baccarat, un peu trop éloignée du théâtre de la lutte, et à venir se mettre à la tête des troupes : « Venez demain ici, Monsieur le maréchal, lui écrivait-il ; la journée ne se passera pas sans événement [1]. » Cette généreuse adjuration ne devait être entendue qu'à moitié.

L'échec de Duhesme parvint cependant à secouer en partie l'inconcevable inertie du maréchal Victor ; il se transporta enfin, de sa personne, à Rambervillers, pour y prendre la direction des opérations, ou plutôt pour surveiller et activer la retraite. La 3ᵉ division (Duhesme) lui semblait, en effet, compromise à Saint-Michel, où une simple

1. Général de Grouchy au maréchal Victor ; de Rambervillers, 10 janvier 1814, soir (Archives Guerre).

marche de l'ennemi, de Bruyères ou de Saint-
Dié sur Rambervillers, aurait suffi à la cerner. Aussi, lui prescrivit-il de partir le 11,
non à trois heures, mais à deux heures du
matin, et de se retirer par La Salle sur Jeanménil où elle prendrait une position militaire, tandis que la division Piré et la
division de dragons du général de Briche,
flanquée du 24e léger que commandait un
vigoureux officier, le colonel de Plazanet, oc-
cuperaient Grandvillers, Gugnécourt, Girecourt, Dompierre, Sercœur, Padoux, Destord,
Sainte-Hélène, Badménil et Vomécourt [1].

Mais pour permettre l'occupation de ces divers points, il fallait au préalable balayer les
partis de cavalerie ennemie, de toutes nations,
qui s'étaient donné rendez-vous à Bruyères,
et le général de Grouchy avait reçu l'ordre
de les attaquer et de les chasser [2].

Victor avait songé également à faire diriger une nouvelle attaque sur Saint-Dié [3], mais
sur l'avis qui lui parvint de la marche de

---

1. Maréchal Victor à Grouchy ; de Rambervillers, 11 janvier 1814 (Archives Guerre).

2. *Id.*, *ibidem*.

3. Maréchal Victor au maréchal Berthier; de Rambervillers, 11 janvier 1814, 4 heures soir (Archives Guerre).

Sainte-Marie-aux-Mines sur Saint-Dié d'une
autre division bavaroise (Beckers); de Colmar sur Bruyères d'une colonne wurtembergeoise, et de la présence de la division bavaroise Rechberg au col du Bonhomme, il
renonçait aussitôt à ce projet, ainsi qu'à celui sur Bruyères et se contentait de garder la
défensive. Il préposa pour la surveillance des
routes à Bertrichamps, avec pointe sur Raon,
200 fantassins appuyés par des Gardes d'honneur, et à Saint-Benoit un parti de cavalerie [1]. Le colonel Régeau, avec le 46º de ligne
et deux canons, retournait à Baccarat [2]; la
1ᵣₑ division d'infanterie (Forestier) se massait
à Rambervillers, moins le 24º léger, réparti,
comme nous l'avons vu, entre Grandvillers
et Girecourt; la 2º division (Gérard) canton-
nait à Roville-aux-Chênes, Doncières, Xaffé-
villers, Saint-Maurice; la division de dragons
Lhéritier venait remplacer la division de
Briche à Rambervillers, où était installé le
quartier général du 2º corps [3].

1. Maréchal Victor à Grouchy; de Rambervillers, 11 janvier 1814 (Archives Guerre).

2. Maréchal Victor à Grouchy; de Rambervillers, 11 janvier 1814, 2ᵉ dépêche (Archives Guerre).

3. *Id., ibidem.* Il serait intéressant de savoir où se trouvait logé le maréchal Victor, pendant son séjour à Ram-

Mais ces préparatifs devaient être rendus
illusoires et les velléités belliqueuses du maréchal Victor étouffées dans l'œuf; la marche
en avant combinée des IVe et Ve corps, —
ceux du Prince-Royal de Wurtemberg et
du maréchal de Wrède, — devait suffire à
faire tomber toutes les barrières, et en
même temps qu'elle amenait la prise définitive d'Épinal, elle contraignit à une prompte
retraite les troupes du maréchal Victor et du
général de Grouchy, prises ainsi de front, sur
leur droite et sur leur gauche. Débordées en
effet sur leur gauche, dans la vallée de la
Meurthe par les Bavarois; contenues dans
les vallées de la Vologne et de la Mortagne
par les Cosaques; elles se heurtaient, à leur
droite, aux masses wurtembergeoises qui
descendaient le cours de la Moselle et s'ap-
prêtaient à les cerner, si elles ne se déro-
baient aux étreintes ennemies. Ce ne fut pas
toutefois sans combat, sans une vive résistance, et il faudrait se garder de prendre à la
lettre l'assertion, trop peu contestée jusqu'à
ce jour, qu' « Épinal se rendit à 50 co-

bervillers. D'après le général de Ségur (Mémoires, tome III,
page 106), c'était dans une « maison bourgeoise »; d'après
d'autres, c'était dans le château du maire Gérard.

saques [1] ». Les Alliés qui croyaient au début
n'avoir à faire en Alsace et en Lorraine
qu'une démonstration militaire et avaient
déjà dû en démordre devant les obstacles
qu'ils rencontrèrent à Saint-Dié et à Rambervillers, s'aperçurent à Épinal aux coups qui
leur furent portés, que toute l'armée n'avait
point péri et que, si la capricieuse fortune
avait déserté nos drapeaux, il se trouvait encore des braves qui savaient mourir.

1. Henry Houssaye : *1814*, page 15.

CHAPITRE VIII

MARCHE COMBINÉE DES WURTEMBERGEOIS (IV° CORPS)
ET DES COSAQUES DE PLATOFF SUR ÉPINAL. —
COMBAT ET PRISE D'ÉPINAL ; COMBATS DE THAON
ET D'IGNEY. — CAPTURE DU PRÉFET DES VOSGES
PAR L'ENNEMI. — INSTALLATION D'UN PRÉFET
BAVAROIS A ÉPINAL.

Tandis que le V° corps livrait le combat de
Saint-Dié, le IV°, bien qu'ayant ralenti sa
marche vers le point de concentration que
Schwarzenberg lui avait fixé en avant de
Langres, exécutait un changement de front,
funeste pour les faibles forces vosgiennes.
Epinal, qui semblait préservé dans le plan
primitif des Wurtembergeois tendant à mar-
cher de Remiremont, par Bains et Jussey, sur
Langres, en laissant à Platoff et à de Wrède
la mission d'opérer seuls dans la vallée de la
Moselle, devint, à la suite de l'arrivée de la

Garde Impériale, l'objet principal de la préoccupation des Alliés. En conséquence, le Prince-Royal de Wurtemberg, avant de reprendre sa marche pour aller occuper son rang dans l'ordre de bataille prescrit antérieurement par Schwarzenberg, se résolut à porter un coup décisif aux Français sous les murs mêmes d'Épinal.

Il pouvait craindre, en effet, de se voir couper ses communications ou inquiéter ses derrières par les troupes dont il s'exagérait, il est vrai, l'importance et qui, dans sa pensée, pouvaient suffire à barrer à Platoff la route de la Moselle et le chemin de Nancy [1].

Toujours précédé du rideau d'éclaireurs que lui fournissaient les cosaques, le Prince-Royal de Wurtemberg fit donc converger toutes ses colonnes sur Épinal pour la matinée du 11 janvier 1814. Platoff, qui avait rejoint, toujours ardent en paroles, voulait attaquer dès le 10, mais le Prince-Royal, convaincu à juste titre que la cavalerie seule, même appuyée par un groupe d'infanterie, ne pouvait obtenir de résultat efficace, jugea avec raison plus prudent et plus sage d'ajour-

1. Commandant Weil : *Campagne de 1814*, tome Ier, page 94.

ner l'attaque au lendemain[1], son corps devant seulement se masser, le 10, près de Remiremont.

Informé par le général prince Stscherbatoff
de la concentration de forces nombreuses à
Epinal, il avait en plus reçu de cet habile
chef de partisans, dans la nuit du 10 au
11 janvier[2], un rapport qui lui faisait con-
naître que le comte Lunel de Cortomiglio,
officier autrichien envoyé avec un guide en
reconnaissance sur Rambervillers, avait cons-
taté la présence de troupes françaises tant à
Charmes qu'à Magnières, Baccarat, Raon-
l'Etape et aux approches de Saint-Dié. Le
comte de Cortomiglio avait en outre capturé
un sous-officier de hussards, porteur d'une

1. Kriegs-Archiv; Hauptarmée, 1814. XIII, 56. Ces renseignements, complétement inédits jusqu'alors, comme tous
ceux qui suivent sur le combat d'Epinal, extraits des Archives impériales et royales de la Guerre à Vienne, ont
été fournis, avec une rare courtoisie, par M. le général-
major de Wetzer, directeur de ces archives, et par son
adjoint M. le lieutenant-colonel baron Hipsich. L'auteur
les prie d'agréer toute sa gratitude pour l'extrême obligeance qu'ils ont bien voulu mettre à faciliter son travail
par la copie de ces importants documents.

2. Stscherbatoff à Schwarzenberg; du camp, près de
Pouxeux, 10 janvier 1814, minuit. (Commandant Weil.
page 94).

lettre du maréchal Victor au général Cassagne, qui contenait les indications les plus précieuses et les plus précises sur les forces, les préparatifs et les intentions du maréchal Victor. Elle révélait notamment le fait de la concentration à Charmes de la division de voltigeurs de la Jeune-Garde sous les ordres du général Meunier, fait qui jetait une vive lueur sur les projets encore obscurs des Français.

Quant à l'aide-de-camp de Stscherbatoff, le sous-lieutenant Sonine, envoyé sur Mirecourt, il n'avait rien rencontré; c'était donc bien à Épinal, et à Épinal seul, que s'était formée l'agglomération des troupes sur laquelle allait fondre l'orage.

Les cosaques de Platoff étaient enfin arrivés, malgré les difficultés de la marche un peu accidentée, rendues plus grandes encore et même pénibles par un abaissement subit dans la température qui s'était produit pendant la nuit du 7 au 8 janvier, et avait couvert toute la région d'une épaisse couche de verglas [1]. Ils s'étaient, on l'a vu, ralliés au

---

1. *Histoire de la campagne de 1814 contre la France et plus particulièrement de la part prise aux opérations par les troupes wurtembergeoises*, par M. le colonel von Hiller, com-

camp de Pouxeux, où se trouvait déjà la brigade Stscherbatoff chassée d'Épinal l'avant-
veille. Leur venue, malgré l'impéritie fanfa-
ronne de l'ataman qui s'accentuait chaque
jour, apportait un appoint considérable au
corps du Prince-Royal de Wurtemberg. Pour
toutes ces raisons, celui-ci laissant à Bruyères
le général-major Seslawin, dirigea les bar-
bares cavaliers de Platoff, dans les rangs des-
quels était rentré le détachement Stscherbatoff, sur sa gauche, avec Toul et Nancy
comme point de direction, alors que lui-
même se proposait d'aborder directement
Épinal.

Pendant ce temps, le général de Wrède,
avec la brigade Deroy, s'avançait de Saint-
Dié sur Nompatelize et jetait une brigade
bavaroise de la division de La Motte sur
Bruyères, où elle opérait sa jonction avec les
Cosaques de Seslawin ; les autres troupes du
Vᵉ corps (corps Frimont et division Rechberg)
n'avaient pas encore franchi les passages des
Vosges [1]. Le corps volant du colonel Schei-

mandant le régiment de grenadiers Reine-Olga, nᵒ 119
(1ᵉʳ régiment wurtembergeois) ; publié à Stuttgart en 1893.
   1. Commandant Weil : *Campagne de 1814*, tome Iᵉʳ,
page 100.

bler était à Celles, poussant aussi un détachement de Schirmeck sur Raon-l'Etape ; il devait, du reste, être dissous peu après.

Sa droite ainsi couverte à Bruyères et à Saint-Dié, le Prince-Royal de Wurtemberg put s'appliquer à méditer et rédiger ses instructions en vue de l'investissement et de la prise d'Epinal, avec son chef d'état-major, le colonel autrichien comte de Baillet de La Tour, officier des plus réputés.

Le IVᵉ corps [1] fut réparti en trois colonnes qui devaient, [2] par un rayonnement concentrique, s'acheminer sur Epinal par les deux rives de la Moselle. La première, qui formait l'aile droite, sous les ordres du général-major von Stockmayer, accompagné du major autrichien Hauer [3], se composait du 2ᵉ bataillon du 9ᵉ régiment d'infanterie (colo-

1. Moins la 1ʳᵉ division (feld-maréchal-lieutenant prince Philippe de Hesse-Hombourg) qui reçut une autre destination sur Dijon et Lyon.

2. Le dispositif d'attaque du IVᵉ corps est contenu dans le *Journal d'opérations* du Prince Royal de Wurtemberg ; Kriegs-Archiv ; Haupt armée, I, 30, page 9.

3. On remarquera cette adjonction d'officiers autrichiens près des corps d'autres pays ; c'est un symptôme topique des défiances et des jalousies qui régnaient parmi les alliés. Nous verrons plus tard le Préfet bavarois d'Epinal flanqué d'un surveillant autrichien.

nel comte Zur Lippe) et des deux bataillons
du 7º régiment (colonel von Kellenbach).
Cette colonne se rassembla à Docelles, à
huit heures du matin, et se dirigea, au si-
gnal que lui apporta le colonel von Gaisberg,
par La Baffe sur la forêt d'Epinal. Pour assurer son flanc droit, une compagnie alla
occuper le chemin de Charmois-devant-
Bruyères et Fontenay. A plus grande distance
d'ailleurs les *polks* de Cosaques des généraux
russes Kaïssarow et Stscherbatoff, et quelques canons, explorant la chaussée de Rambervillers, vers Aydoilles et Fontenay, avant
de se rabattre sur Thaon, protégeaient absolument la marche de cette colonne qui, après
s'être avancée, sous bois, sans incidents,
s'arrêta à la lisière, attendant pour déboucher que la seconde colonne fût arrivée à
hauteur de Saint-Laurent.

Cette colonne, la principale du corps wurtembergeois, était sous les ordres directs du
feldzeugmeister comte de Franquemont [1],

1. Tous ces généraux wurtembergeois avaient servi na-
guère dans l'armée française ; Franquemont avait commandé, pendant la campagne de 1813, la 38ᵉ division
(4ᵉ corps, général Bertrand), ayant pour second, le général
de Koch et pour commandants de brigade, les généraux
Stockmayer, Iett, et un officier général d'origine vosgienne,

commandant en second du corps d'armée.
Elle comprenait le 1er bataillon du 9e régiment; le 2e (colonel von Biberstein); le 3e
(colonel Cammerer)[1]; le 4e (lieutenant-colonel von Imhof); le 2e bataillon du régiment
Prince-Royal; flanqués par trois escadrons
du 2e régiment de chasseurs Duc-Louis (lieutenant-colonel von Gaisberg). Quatre pièces
de la 1re batterie à cheval, les 1re et 2e batteries montées, marchaient également avec ces
troupes. Réunies en arrière de Pouxeux, à
huit heures du matin, le général de Franquemont en détacha le 2e régiment d'infanterie
qu'il confia au général-major Döring. Celui-ci
franchit la Moselle à Jarménil et se dirigea
vivement par Archettes, suivant toujours la
rive droite, à hauteur de la colonne principale, et se liant avec la colonne du général
Stockmayer.

Le reste de la deuxième colonne, celle du
centre, avec le général de Franquemont,
s'avança, d'une allure rapide, par Pouxeux,
Arches et Dinozé, jusqu'à la croisée des
routes de Xertigny et de Remiremont, vers

Hugo de Spitzemberg; avec eux étaient les colonels von
Biberstein, von Bismark et von Gaisberg.

1. D'autres états indiquent le colonel von Beulwitz.

Saint-Laurent. Parvenu à cet endroit, un
bataillon du 10ᵉ d'infanterie légère (colonel
von Selger), soutenu par un bataillon du régiment Prince-Royal, déboita et s'engagea
dans le bois qui borde la route, tandis que le
gros de la colonne poursuivait sa marche.

La troisième colonne, l'aile gauche, sous
les ordres du général-major Jett, s'était formée à Xertigny, où ses éléments se trouvaient en partie depuis la veille et où elle
fut rejointe par les quatre escadrons du 4ᵉ régiment de chasseurs Prince-Adam (major
von Reinhardt), partis de Pouxeux à cinq
heures du matin. Cette colonne laissait en
soutien à Xertigny, pour parer à toute éven-
tualité, une réserve que le général-lieutenant
prince Adam de Wurtemberg, y avait ame-
née dès l'aube, et qui consistait en un régiment de cavalerie, le 3ᵉ dragons Prince-Royal
(colonel Wagner), renforcé d'une demi-bat-
terie. Les autres troupes, un bataillon du
10ᵉ d'infanterie, un escadron du 2ᵉ chasseurs
Duc-Louis et deux pièces de la 1ʳᵉ batterie à
cheval, ainsi que le 4ᵉ chasseurs Prince-
Adam, s'engagèrent, avec le général Jett, sur
la route de Dounoux et de Saint-Laurent.

Le flanc gauche de cette troisième colonne

était couvert au loin, comme le flanc droit de la première, par de nombreux *polks* de Cosaques, sous les ordres directs de Platoff, en marche sur Thaon et, décrivant une grande courbe à travers champs avant d'atteindre leur objectif.

L'arrière-garde avec le colonel von Misani, faisait occuper Remiremont par un bataillon et établissait en arrière de la ville un parc d'artillerie, tandis que les convois et les bagages restaient en ville sous la protection d'une escorte.

C'était donc le IVe corps en entier qui allait porter ses efforts sur les faibles défenseurs d'Épinal; soit un total de 15 bataillons, 12 escadrons et 24 bouches à feu [1].

Du côté des Français, il s'en fallait que le nombre et la qualité des combattants fussent comparables à ceux des alliés. La brigade de Jeune-Garde du général Rousseau, seule arrivée de la division Meunier, se composait des 1er et 2e régiments de voltigeurs (majors-colonels de Contamine et Marchal) [2] renforcés

---

1. Carl von Plotho : *Der Krieg in Deutschland und Frankreich in den Jahren 1813 und 1814.* Beilage; tome III, pages 3 et suivantes.

2. Le colonel Marchal (Nicolas) était un Lorrain, né à

du régiment des Flanqueurs-Chasseurs, qui
appartenait à la 2ᵉ division de Vieille-Garde.
Elle n'avait pour tout soutien que le groupe
des 300 cavaliers de toutes armes, envoyés
précipitamment de Nancy, par le général
Lacoste, le 3 janvier, on doit se le rappeler,
et dont le sort avait dès lors été lié à celui
des généraux Cassagne et Duvignau. C'était,
il n'est pas superflu de le redire, 70 cuirassiers du 4ᵉ régiment; 55 dragons du 22ᵉ;
30 dragons du 19ᵉ, et 45 hussards du 1ᵉʳ régiment [1]. L'infanterie de la Garde, sous les
ordres des commandants Angelet et Devaux,
pour le 1ᵉʳ voltigeurs [2]; Galland et Marthe,

Dommartin (Meurthe), le 2 novembre 1770; colonel du
93ᵉ de ligne, le 1ᵉʳ avril 1813, il avait pris le commandement du 2ᵉ voltigeurs, le 20 novembre suivant. Le colonel de Contamine était major du 1ᵉʳ voltigeurs, depuis le
29 août 1813.

1. Une dépêche du comte Colchen, sénateur, dit au contraire 200 cuirassiers du 4ᵉ régiment, mais on a tout lieu
de croire que c'était bien 300 cavaliers du 4ᵉ régiment
provisoire de grosse cavalerie, détachés de la 2ᵉ brigade
(Wathiez) de la 1ʳᵉ division de grosse cavalerie (Bordesoulle), 1ᵉʳ corps, où figurent 158 hommes du 4ᵉ cuirassiers.

2. Le chef de bataillon Angelet rencontra, l'année d'après,
une mort glorieuse dans le désastre de Waterloo, où il
commandait le « dernier carré »; le chef de bataillon
Devaux fut frappé, nous le verrons plus loin, au combat

pour le 2ᵉ voltigeurs [1], occupait la ville d'Epinal, tandis que les grand'gardes de cavalerie
en couvraient les abords sur la route de Remiremont, vers le Champ-du-Pin et Bertra-
ménil.

Le 11 janvier 1814, de grand matin, les colonnes du IVᵉ corps s'ébranlèrent de leurs
emplacements respectifs pour marcher sur
Epinal, pendant que sur leurs deux flancs,
les *polks* de Cosaques chevauchaient à toute
bride, au milieu des bois, pour se rabattre
ensuite sur les côtés est et ouest d'Epinal et
les villages de Thaon et d'Igney, en même
temps que l'infanterie wurtembergeoise as-
saillirait la ville, de façon à en cerner ainsi
les défenseurs.

Le général Stockmayer s'engagea, parvenu
à la Baffe, dans les bois d'Epinal et en garnit
la lisière jusqu'à ce qu'il eut appris l'arrivée
du général de Franquemont à Saint-Laurent.
Descendant alors sur la ferme de Failloux, il

d'Epinal. Dans ce même 1ᵉʳ voltigeurs figurait un capitaine du nom de Roby (Jean), qui est peut-être de la famille de l'honorable habitant d'Epinal, mort récemment.

1. Le chef de bataillon Galland fut tué le mois suivant,
à la bataille de Laon ; le chef de bataillon Marthe devint
général de brigade (maréchal de camp) sous la monarchie
de Juillet.

pénétra dans Epinal par le faubourg Saint-Michel se glissant entre le château et la Justice [1].

Au même instant, le général Döring, qui avait gagné à travers bois le plateau de la Vierge et la Quarante-Semaine en débouchait entre le château et la côte de Laufromont, suivant ainsi le faubourg d'Ambrail.

Parvenu presque au pied de la chapelle Saint-Antoine, avec le gros des Wurtembergeois, le général de Franquemont fit mettre son artillerie en batterie dans la plaine qui borde la Moselle, à droite de la chaussée [2]. Sur sa gauche, la colonne du général Jett, venue de Xertigny par Hadol et Dounoux, avait débouché à Saint-Laurent à 10 heures, comme il avait été convenu, et se portant aussitôt par le vallon de Bénavaux, elle chercha à tourner les jardins et l'ermitage Saint-Antoine et à couronner le coteau boisé qui le domine. Dans sa course, le général Jett s'empara du pont et du moulin de Chantraine, puis s'en vint donner contre

1. Kriegs-Archiv.; Hauptarmée; I, 30; pièce 10 (Archives Vienne).

2. Là où s'élèvent aujourd'hui les établissements industriels du Champ-du-Pin,

Epinal, par la route de Charmes, aux alen-
tours de Golbey.

Ces quatre attaques simultanées exécutées
« vivement et rapidement [1] » eussent pris
comme dans un filet, les voltigeurs et les cavaliers français, si le général Rousseau, dès
que l'alarme fut donnée et qu'il eut aperçu
les masses sombres et profondes qui sortaient des grands bois et sillonnaient la
neige, n'avait aussitôt, considérant comme
inutile la défense d'une ville ouverte par son
unique brigade, prescrit la retraite avec une
grande sûreté de coup-d'œil, et dirigé le
mouvement avec autant d'ordre que de rapidité. Contenus un moment par la ferme atti-
tude de la cavalerie qui s'était intrépidement
avancée, les Wurtembergeois furent bientôt
mis en joue par les voltigeurs, qui enta-
mèrent contre eux une fusillade des plus
nourries. Postés derrière les maisons, les
murs de clôture, les haies, les jardins, les
bouquets de bois, les deux régiments de voltigeurs, par un feu des mieux ajustés sur
les rangs serrés qui les étreignaient, arrê-
tèrent plus d'une heure les têtes des colonnes

1. Kriegs-Archiv ; Haupt-Armée. I, 30, pièce 10.

wurtembergeoises. Ce ne fut pas toutefois sans
des pertes cruelles que la brigade Rousseau
supporta ainsi à elle seule la poussée de tout
un corps d'armée. Son chef, le vaillant général
Rousseau, était grièvement blessé [1]. Dans le
1er voltigeurs, le commandant Devaux [2] avait
été tué raide ; les capitaines Gentil-Laper-
rière et Couton, le sous-lieutenant Bizer
étaient blessés. Le 2e voltigeurs avait perdu
le capitaine adjudant-major Favier, tué au
premier rang, et le lieutenant Neuhard,
blessé [3]. Le lieutenant Beaufrère, des Flanqueurs-Chasseurs, était également blessé.

1. Platoff, dans son rapport à Schwarzenberg (commandant Weil : tome Ier, page 103) annonce « qu'il est à
croire que le général Roussot *(sic)* a été tué dans l'af-
aire ».

2. Devaux (Jean-Marie-Dauphin) était né à Clairvaux
(Aube), le 24 décembre 1775 ; il n'appartenait à la Garde
impériale que depuis le 1er septembre 1813, où il était arrivé comme capitaine-commandant au 1er voltigeurs. Un
décret du 22 janvier le nomma chef de bataillon alors que
depuis onze jours il avait succombé glorieusement devan
Épinal. Cette ville s'honorerait en donnant à l'une de se
nouvelles rues le nom du valeureux officier qui versa son
sang pour elle et pour la patrie.

3. En outre, 24 voltigeurs avaient été tués, parmi lesquels les soldats Courtine, Lemoine, Van den Heuwed,
Dupont, Pingrenon, Tommers, Robert, Kehl, Laurent, Du-
forest, Haver, Loine, Ryde, Bousson, Destefram et Ferrero.
(Historique du 98e).

Cette intrépide résistance avait permis au préfet Himbert et aux autres autorités et fonctionnaires, ainsi qu'aux généraux Cassagne et Duvignau, de quitter la ville en toute hâte pour gagner Nancy, déjouant ainsi les calculs ambitieux de l'ennemi.

Elle avait aussi épuisé les forces des soldats wurtembergeois, déjà fatigués par des marches pénibles dans les sentiers ardus de la montagne, par la neige et le verglas. Quand les Voltigeurs, informés de l'entière évacuation d'Epinal, eurent abandonné, pas à pas, en bon ordre, les avancées de la ville et se furent retirés par les faubourgs des Bons-Enfants et de Nancy, le Prince-Royal de Wurtemberg se borna à occuper la ville derrière eux, sans chercher à entraver la retraite par son infanterie, dominée par un impérieux besoin de repos. Il lança seulement à leur poursuite les deux régiments de cavalerie Prince-Royal et Duc-Louis, ainsi que deux escadrons du régiment Prince-Adam, accompagnés de 7 pièces d'artillerie à cheval.

Toutefois, malgré l'accablement de ses troupes, le Prince-Royal, en pénétrant dans Epinal, refoulant devant lui les derniers voltigeurs et, opérant la jonction de ses diverses

colonnes, se dirigea incontinent sur le château qu'il présumait sans doute encore occupé. D'après les souvenirs d'un historien
local [1], dont nous avons contrôlé maintes
fois l'exactitude et la véracité, « ses soldats,
après avoir inutilement exploré les rues, les
casernes, les églises, les autres édifices pu-
blics et même différentes maisons particu-
culières et n'y ayant rencontré aucun militaire français » le prince en « conclut que le
» château était occupé et l'assaut en fut dé-
» cidé. »

« Entièrement démantelé depuis un siècle
» et demi, il était passé à l'état de ruine.
» Quelques pans de murailles avec une large
» meurtrière. . . c'était à peu près tout ce
» qu'il en restait ». La colline où il s'élevait
était devenue un superbe jardin avec « parcs,
» promenades, prairies, pièces d'eau, chalets,
» fermes [2]. Une ceinture de murailles l'en-
» vironnait de toutes parts », il est vrai,
mais c'était une clôture bien modeste, bien

1. Ch. Charton : *Souvenirs d'histoire vosgienne de 1814 à
1848, ibidem*, page 244 et suivantes.

2. Voir pour la description de ces jardins l'excellent
Guide du parc du château d'Epinal, par l'archiviste de la
ville, Charles Ferry, ainsi que les quatre plans, si curieux,
qui y sont joints.

fragile, bien peu effrayante, contre laquelle
il n'était guère besoin de faire jouer l'artillerie, ni de se ruer à l'assaut, et « deux pe-
» tits canons tout à fait inoffensifs » qui se
croisaient au pied d'une colonne monumen-
tale érigée au sommet ne rendaient pas plus
dangereux l'abord de cette pseudo-forteresse.

C'est néanmoins contre ces obstacles ac-
cumulés qu'allait se déployer la bouillante
valeur des Wurtembergeois. « L'artillerie en-
» nemie battit en brèche le mur d'enceinte
» et y pratiqua une large ouverture, sans
» éprouver d'autre résistance que celle toute
» passive de la muraille. Les petits canons
» de la colonne restèrent muets. Ce que
» voyant, les Wurtembergeois, plus auda-
» cieux que jamais, gravirent rapidement la
» montagne, s'élancèrent par la brèche vers
» les ruines du château, qui n'étaient défen-
» dues que par des guerriers imaginaires et
» s'en emparèrent sans coup férir. Ils se
» répandirent ensuite dans le parc et les
» jardins, cherchant partout des assiégés in-
» visibles et finirent par évacuer les lieux
» avec un air de triomphe, que rehaussaient
» encore les rameaux de laurier dont leurs
» casques étaient parés. »

Le même historien prétend qu'un tel fait
d'armes fut reproduit par « le dessin, la li-
thographie et la gravure »[1] afin qu'il ne fût
point « perdu pour les générations présentes
et futures » et que c'est ainsi que « le mémo-
rable siège d'Epinal fut connu de toute l'Europe[2] ».

Mais tandis que le Prince-Royal de Wurtemberg s'amusait et s'attardait à ce mirobo-
lant exploit, la lutte reprenait de plus belle
à la sortie de la ville, où se livrait un nouveau et acharné combat. Le grondement du
canon retentissait jusque dans Epinal et
annonçait que les Alliés rencontraient un
moins facile triomphe que devant la butte du
château.

Au sortir de la ville, pendant que les voltigeurs concentraient sur eux l'effort de l'ennemi, les généraux Cassagne et Duvignau
avaient pressé le pas, le petit corps de cavalerie tenant la tête, précédant les voitures où
se serraient les fonctionnaires fugitifs ; l'ar-

1. Malgré nos patientes recherches, nous n'avons pu découvrir aucune de ces images qui enrichiraient d'une façon
curieuse notre iconographie vosgienne.

2. Ch. Charton : *Souvenirs d'histoire vosgienne de 1814
à 1848 (Annales de la Société d'émulation des Vosges,*
tome XIII (1870), pages 245 et 246.

rière-garde du convoi devait être formée par
les voltigeurs, battant en retraite par éche-
lons, tout en continuant le coup de feu.

La colonne s'avançait sans crainte par la
grande route de Nancy, se dirigeant le plus
rapidement possible par Golbey et Chavelot,
sur Charmes, lorsqu'arrivée près des rares
maisons qui formaient alors le bourg de
Thaon, une nuée de cosaques firent soudain
irruption hors du village et se précipitèrent
en poussant des cris sauvages contre la cavalerie française qui ouvrait la marche, C'é-
taient les cavaliers du général Grékow, le 8e,
arrivés les premiers au rendez-vous, puis
ceux de Kaïssarow et de Stscherbatoff, avant-
garde du corps de Platoff, qui, venant de
Fontenay, avaient occupé Thaon dès les premières heures de la matinée et exécutaient
l'ordre de barrer la route de la retraite aux
débris de la garnison d'Epinal. Fort heureu-
sement, Platoff, méconnaissant une fois de
plus les instructions qu'il avait reçues, s'em-
bourbant du reste dans les marécages que la
saison avait créés sous bois, du côté du village des Forges, mais surtout prononçant
trop à gauche le mouvement latéral qu'on lui
avait indiqué, n'était pas encore venu se sou-

der aux *polks* de ceux de ses lieutenants
qui, plus agiles et plus obéissants, s'effor-
çaient d'enfermer dans un cercle infranchis-
sable le petit corps français pris ainsi de face
et de revers et interceptant violemment sa
route. Grékow, prêt le premier, n'attendit
pas et fondit sur les Français. Nos cavaliers,
bien que n'ayant pour les soutenir qu'une
seule pièce d'artillerie, n'hésitèrent pas et
foncèrent, sabre à la main, sur les escadrons cosaques avec une vigueur et un entrain remarquables. Cuirassiers du 4ᵉ régiment, dragons des 19ᵉ et 22ᵉ, hussards du 1ᵉʳ,
gendarmes des Vosges, chargèrent « avec
un courage étonnant[1] » les masses qui se
ruaient sur eux, lances au poing, et bravant
le feu des six canons russes, refoulèrent l'ennemi dans Thaon, puis le talonnant hors des
maisons, le poursuivirent, l'épée dans les
reins, jusqu'à la hauteur d'Igney. La mêlée fut
courte, mais terrible et sanglante. Si l'ennemi
fuyait en déroute, nos cavaliers rompus, dés-
organisés par la charge, avaient fait des pertes
sensibles ; le 4ᵉ cuirassiers avait perdu, à lui

1. Résumé des rapports reçus et transmis de Nancy, par
le comte Colchen, sénateur, commissaire extraordinaire, le
12 janvier 1814 (Archives Guerre).

seul, le capitaine Goupil de Préfeln, les
sous-lieutenants Rébillot et Robidet; le 22ᵉ
dragons laissait sur le terrain le capitaine
Mathieu, les sous-lieutenants Kieso, d'Han-
neville et Massin ; soit 7 officiers blessés.
L'intrépide lieutenant de gendarmerie Paul
Laurent, qui s'était déjà signalé par sa vigueur au combat de Rupt, gisait blessé de
deux coups de lance au pied droit [1] ».

Mais la cavalerie, par son généreux sacrifice, avait frayé le chemin pour l'infanterie
et le reste de la colonne. C'était, il est vrai,
pour peu de temps, et il fallait mettre à profit la trouée. Les tourbillons de cosaques à
peines dissipés, dispersés, s'empressaient de
se reformer et allaient revenir à la charge.
Les débris de la cavalerie rejoints par l'infanterie qui se retirait tout en tiraillant,
prirent le trot, par Igney, pour gagner au
plus tôt Charmes et de là le pont de Flavigny où était postée une avant-garde envoyée
par le maréchal Ney qui se disposait à les recueillir. Aussitôt après venait la calèche
où le préfet, le baron Himbert de Flégny,
et son secrétaire-général Welche [2], traqués

1. Voir page 8, note 1.
2. Welche (Nicolas), né à Senones, le 6 février 1769,

en pleine bataille, s'enfuyaient à toute vitesse. Deux batteries wurtembergeoises et une batterie cosaque du général Kaïssarow se mirent alors à tirer à toute volée sur Igney, accélérant par leurs décharges et troublant de leurs boulets la course des voitures. Un de ces boulets s'incrusta « dans le mur de face d'une des premières maisons du village d'Igney. Le propriétaire l'y conserva et fit écrire autour de ce projectile ces mots : « De Russe que j'étais, je suis devenu Fran- » çais le 11 janvier 1814 » ; ce monument historique existe toujours [1] ».

; Quand la voiture préfectorale parvint au

avait été, en 1797, administrateur du département des Vosges, puis, en 1798, chef de division au Ministère de l'Intérieur, sous le ministère de François de Neufchâteau. Nommé secrétaire-général de la préfecture des Vosges, le 25 avril 1800, il remplit ces fonctions jusqu'au 11 janvier 1814. Elu député des Vosges en octobre 1816, réélu en novembre 1820, il siégea jusqu'en février 1824 et devint sous Louis-Philippe, maire de Nancy et conseiller général de la Meurthe. Il mourut à Nancy en 1844. Son fils, M. Charles Welche, était maire de Nancy en 1870 ; il fut ensuite préfet de la Haute-Garonne et du Rhône de 1873 à 1875 et conseiller d'Etat. Le 23 novembre 1877, il fut, pour quelques semaines, ministre de l'Intérieur. (Félix Bouvier : Biographie générale vosgienne; tome IV du Département des Vosges, par Léon Louis.)

1. Ch. Charton : Souvenirs d'histoire vosgienne. Nous

milieu du village d'Igney, au carrefour formé
par la jonction des routes, une pièce de canon, mise en batterie près de la grande fontaine, fut pointée sur le groupe et « un
» boulet fracassa la voiture, tuant une partie
» de l'escorte [1] ». Le préfet, le secrétaire-général et le sous-préfet de Remiremont, de
Mortemart-Boisse, n'eurent miraculeusement
aucun mal et se jetèrent à travers champs
pour gagner les bois avoisinants [2]. Mais les
cosaques leur donnèrent la chasse ; ils furent bientôt rejoints et ramenés prisonniers.
Le sous-préfet de Mortemart eut cependant
la chance de trouver un refuge chez l'abbé
Bourgeois, curé d'Igney, d'où il put s'enfuir
quelques jours après [3].

avons cherché en vain, l'été dernier, ce témoin de fer du
combat d'Igney sans avoir pu le découvrir ; on nous assure
cependant qu'il y est encore.

1. Auguste Decelle : *Histoire contemporaine de la com-
mune de Châtel-sur-Moselle*, pages 14 et 15.

2. Auguste Decelle : *Histoire contemporaine de la com-
mune de Châtel-sur-Moselle*, pages 14 et 15.

3. Il put assister, déguisé en sacristain, sous les
yeux de l'ennemi, le vénérable ecclésiastique, qui procédait
à l'enterrement des morts. « Le boulet lancé sur la voiture
préfectorale fut ramassé sur les lieux par le curé Bourgeois. Il est actuellement au musée de l'école d'Igney, il
est en fer massif, porte 0m,28 de tour et pèse 2 k. 700. »
(Auguste Decelle : *Histoire de Châtel, passim.*)

Il ne semble pas toutefois que cette échauf-
fourée ait causé des pertes sensibles à la
petite colonne française, s'il faut en croire
la note suivante inscrite sur le registre des
sépultures de la paroisse : Le mardi, 11 jan-
» vier 1814, il est mort, sur le territoire d'I-
» gney, vers trois heures de l'après-midi,
» 16 militaires de différents corps... Ils ont
» été inhumés le surlendemain, par les soins
» de l'adjoint, sans cérémonie [1] » à l'endroit
appelé La Basse de la Héronnière, à un kilo-
mètre du village. Quant à l'ennemi, il en-
fouit ses morts un peu partout, mais « prin-
cipalement à l'entrée d'Igney, au lieu où a
été établie la halte du chemin de fer [2]. »

La poursuite ne s'arrêta pas à Igney ; un
petit engagement eut encore lieu à l'entrée
de Nomexy [3]. Cependant les défenseurs survivants d'Épinal purent ensuite gagner sans
encombre Charmes, où les attendait la seconde brigade de la division Meunier. Les
dernières péripéties de la lutte se prolon-

1. Auguste Decelle : *Histoire de Châtel, passim.*

2. En la construisant, on a mis à découvert de nombreux ossements. (Auguste Decelle, *ibidem.*)

3. Là où s'élève aujourd'hui l'usine Peters. (Auguste
Decelle, *ibidem.*

gèrent jusqu'aux portes de Charmes où l'on arriva à la nuit tombante. On évalue à un millier d'hommes ceux qui s'échappèrent ainsi[1].

Quelles furent les pertes respectives des deux adversaires dans les différentes phases de ce sérieux combat? Il est difficile de l'établir avec précision, tant les indications à ce sujet sont discordantes.

Si l'on en croit un rapport du sénateur, comte Colchen[2], les pertes de Wurtembergeois auraient été considérables.

Le rapport de Platoff au contraire[3], si peu véridique qu'il soit dans diverses parties, assure que les Wurtembergeois ont très peu souffert « et que les cosaques n'ont eu que 25 hommes tués ou blessés, 24 chevaux tués, 18 blessés ». Le colonel von Hiller[4], plus précis, et travaillant d'après les

---

1. Rapport de Stscherbatoff à Schwarzenberg ; du camp près de Châtel, 11 janvier 1814. (Commandant Weil, page 105.)

2. Extraits des rapports adressés au comte Colchen, le 12 janvier 1814, de Nancy.

3. Rapport de Platoff à Schwarzenberg ; du village de Nomexy, le 12 janvier 1814. (Commandant Weil : tome Ier, page 103.)

4. Colonel von Hiller : *Histoire de la campagne de 1814*

archives de Stüttgart, cite le chiffre de :
« 1 tué et 9 blessés ; 5 chevaux tués,
1 blessé ». Le rapport officiel [1] dit que les
Wurtembergeois n'ont eu que « quelques
blessés » mais aucun tué, et reproduit les
chiffres de Platoff pour les pertes subies par
les cosaques.

En ce qui concerne les Français, il y a un
peu plus de concordance entre les diverses
assertions. On a vu que le procès-verbal
d'inhumation évaluait à 16 le nombre des
morts recueillis sur le territoire d'Igney. Mais
il y a lieu d'ajouter ceux tombés en avant
Epinal, ainsi qu'entre cette ville et Igney. Il
est vrai que les rapports français sont à peu
près muets sur nos pertes, ou plutôt il n'a
pas été rédigé de rapports, au sens ordinaire
du mot, dans la confusion qui suivit la retraite. Par contre, du côté de l'ennemi, les
indications sur les pertes françaises sont
assez identiques. Le grand rapport officiel dit
que « la route ne tarda pas à être couverte
de morts et d'armes abandonnées par les

contre la France, et plus particulièrement de la part prise
aux opérations par les troupes wurtembergeoises.

1. Kriegs-Archiv. Haupt-Armée, v° 79 (Archives de la
guerre, à Vienne).

fuyards. Les cosaques firent plus de 500 prisonniers [1]. » Le général Stscherbatoff [2] assure que nous avons beaucoup perdu en tués
et qu'on a fait beaucoup de prisonniers ; un
peu plus loin, il constate « parmi les prisonniers faits hier, il y a les commandants des
cuirassiers, des dragons, des hussards et
des gendarmes. Toute cette cavalerie a été
taillée (*sic*) ». Quant au fanfaron Platoff, fi-
dèle à ses habitudes de jactance et d'exagération, après avoir tué sans façon le général
Roussot (*sic*) qui n'était que blessé, il inventa
« que toute la cavalerie de la Jeune-Garde a
» été détruite, ce qui le prouve, c'est que les
» officiers et commandants en sont faits pri-
» sonniers, le reste tué [3] ». Or, on sait que si
la Jeune-Garde fut représentée au combat
d'Épinal par une brigade de voltigeurs, il
n'en fut pas de même de sa cavalerie qui n'y
parut point. Platoff ajoute : « Au moment de
la poursuite de l'ennemi près de la ville, on
» a fait beaucoup de prisonniers... mais on

1. Haupt-Armée ; I, 30, pièce 10 (Archives Guerre,
Vienne).

2. Rapport à Schwarzenberg ; du 11 janvier 1814 (commandant Weil : pages 105 et 106).

3. Platoff à Schwarzenberg ; de Nomexy, 12 janvier
1814 (commandant Weil, page 103).

» en a fait encore en poursuivant au-delà de
» la ville : 8 officiers, 94 soldats et 1 préfet...
» La route était couverte de morts, de fusils
» et de havre-sacs jetés [1] ».

Il paraît probable qu'il y a eu quelque peu
d'atténuation dans les pertes des alliés, et en
revanche un peu d'exagération dans celle
des Français. Mais ce qui est certain, c'est
que les faibles forces des généraux Cassagne
et Rousseau furent entièrement rompues et

---

1. Platoff à Schwarzenberg. Ce rapport, souvent mensonger, est rédigé en français, mais dans une langue aussi bizarre qu'amphigourique, et plein d'une emphase presque comique.

Au sujet du combat d'Epinal, le général de Vaudoncourt allègue que les 300 cavaliers du général Duvignau étaient empruntés à la division Piré ; nous avons vu qu'au contraire ils étaient tirés des dépôts et appartenaient en majeure partie aux cuirassiers et aux dragons et non à la cavalerie légère. En outre, pour lui, la reprise d'Epinal, le 9, par le général Cassagne; et son attaque par les Wurtembergeois, le 11, ne font qu'un seul et même combat qu'il place inexactement au 10 janvier. Enfin, il indique Rambervillers comme ligne de retraite du général Cassagne, alors que celui-ci se retira sur Charmes, qui était d'ailleurs la route la plus directe.

Dans ses *Mémoires* (tome III, page 78), Grouchy parle du mouvement d'une colonne de Rambervilliers sur Epinal qui aurait été repoussée ; nous n'avons pas retrouvé d'indications relatives à la composition de cette colonne, à sa marche et à son échec. Ce fut sans doute un des multiples projets du maréchal Victor, qui avortèrent à peine éclos.

dispersées, et durent, le soir même, tout
d'une traite, évacuer le département.

Quand au Préfet Himbert de Flégny, et son
secrétaire-général Welche, leur prise à Igney,
en somme peu importante, causa une grande
joie aux Alliés, qui célébrèrent cet événement par de pompeux bulletins. « La meil-
» leure prise est le préfet du département des
» Vosges, M. Flégny (*sic*), baron de l'Empire,
» homme détesté non seulement par les ha-
» bitants d'Epinal, mais par ceux de toute la
» contrée. C'est lui qui cherchait à les soule-
» ver et à les armer. Quand j'étais à Epinal,
» on m'a dit beaucoup de mal de lui. C'est
» encore lui qui a demandé des troupes pour
» reprendre Epinal. Il a un secrétaire (*sic*) avec
» lui [1] ». On ne pouvait être trop sévère pour
un fonctionnaire si coupable qui avait poussé
l'audace jusqu'à vouloir organiser la résistance contre l'ennemi de son pays. La victoire
ne rendit pas généreux les Alliés qui se mon-
trèrent implacables et sans pitié pour leurs
prisonniers. Himbert de Flégny et Welche,
déjà victimes de la brutalité et des mauvais

1. Stscherbatoff à Schwarzenberg; du camp, près de
Châtel, 11 janvier 1814 (commandant Weil, tome Ier,
page 106).

traitements de leur escorte, privés de tout,
leurs bagages ayant été brisés ou perdus
dans la débâcle, furent jetés, sans vêtements
chauds, sans couverture. dans une mauvaise
charrette découverte, sur deux bottes de
paille, et, par un froid de 10 degrés, il furent
ainsi emmenés en captivité en Allemagne,
d'où ils ne revinrent que plusieurs mois
après [1].

Installé dès lors en paix à Épinal, sans
crainte désormais d'être inquiété par de nouvelles incursions, le Prince-Royal de Wurtemberg se mit, sans désemparer, en devoir
d'organiser sa conquête et de l'administrer
au mieux des armées alliées. Par ses soins,
un préfet étranger fut placé à la tête du
département. C'était un Bavarois, le comte
d'Armansperg [2], chambellan du roi de Bavière, à qui l'on adjoignit, en qualité de

1. Ch. Charton : *Souvenirs d'histoire vosgienne*,
page 245.

2. Le comte d'Armansperg (Joseph-Louis), né à Kœtz-
ting (Bavière), le 28 février 1787, cessa ses fonctions à
Épinal, en mai 1814, fut, par la suite, ministre des Fi-
nances, puis de l'Intérieur, et ensuite des Affaires étran-
gères en Bavière. En 1835, il devint archichancelier de
Grèce, avec le roi Othon, et en 1837, président de la Ré-
gence.

« chef-commissaire autrichien » Joseph de Polzer. Dans une proclamation aux Vosgiens, cet intrus leur promettait la bienveillance des hautes puissances et affirmait « qu'il voulait » rendre son administration aussi juste que » paternelle ». Elle le fut, en effet, autant qu'elle pouvait l'être dans ces circonstances [1], et, en dépit des fâcheux présages qu'on pouvait tirer du premier acte de ses débuts à l'égard de son prédécesseur français.

[1], Ch. Charton : *Souvenirs* (*Annales de la Société d'émulation des Vosges*, année 1864).

CHAPITRE IX

RETRAITE DU MARÉCHAL VICTOR SUR LUNÉVILLE. —
ÉVACUATION DÉFINITIVE DES VOSGES PAR LES
TROUPES FRANÇAISES. — LES BAVAROIS ET LES
COSAQUES OCCUPENT NEUFCHATEAU. — CONCEN-
TRATION DES COLONNES ALLIÉES SUR LE PLATEAU
DE LANGRES. — ARRIVÉE DE NAPOLÉON.

Pendant que l'ennemi s'établissait ainsi
paisiblement dans Épinal, devenu l'un de ses
gites d'étapes, y créant une vaste ambu-
lance [1], pour les nombreux cas de typhus qui
ravagèrent ses troupes [2], et un parc de ré-

1. Là où s'élèvent aujourd'hui le musée et les écoles.
D'après un relevé que je dois à l'obligeance de M. Charles
Ferry, archiviste de la ville et des hospices, plus de 300
malades furent amenés, le 19 janvier, à l'hôpital d'Epinal ;
sur ce nombre, 158, dont un capitaine, succombèrent.

2. Les morts étaient enterrés, nuitamment, dans les champs
qui avoisinent le sentier de la Tapagerie (Ch. Charton,
ibidem., année 1870).

serve d'artillerie, ses différentes colonnes
continuaient, cette fois sans rencontre fâcheuse, leur marche à travers le département
à la poursuite du maréchal Victor; harcelant,
d'assez loin toutefois, nos derniers soldats.

Le bruit du canon d'Épinal et d'Igney était
allé troubler dans Rambervillers, le maréchal
Victor, pendant cette journée du 11 janvier,
qui vit les suprêmes et impuissants efforts
des Français dans les Vosges. Il avait déjà
renoncé au retour offensif qu'il avait paru
méditer sur Saint-Dié, et cela sur le simple
avis qu'une autre division bavaroise, partie
de Sainte-Marie-aux-Mines, devait déboucher
sur Saint-Dié pour y secourir la brigade Deroy, dont le maréchal Victor croyait, par erreur, le chef mortellement blessé [1]. Appre-
nant le soir du 11 janvier la retraite générale
de tous ses corps avancés, il prit peur, perdit
la tête, se vit déjà coupé de Ney et de Marmont, serré entre les colonnes de Blücher et
de Schwarzenberg, et, sans se préoccuper de
fermer encore les derniers défilés des Vosges,
il prescrivit en toute hâte, l'abandon de toutes

1. Maréchal Victor au maréchal Berthier; de Rambervillers, 11 janvier 1814; 4 heures soir (Archives
Guerre).

les positions, indiquant aux troupes Lunéville et Nancy comme points de ralliement.
La retraite s'effectua à la hâte, « au travers
» d'une boue profonde et d'une pluie froide
» et battante [1] ». Les troupes partirent « précipitamment, vers minuit » ; tandis que les
Gardes d'Honneur « restèrent en bataille jus-
» qu'à sept heures du matin et suivirent le
» corps d'armée sous un vent violent accouru
» de l'est » avec le jour, qui apporta « une
» gelée de dix degrés, si subite et si rigide,
» que, en un instant, la route noyée devint
» un miroir de glace, et que les vêtements
» tout mouillés des Gardes se raidirent sur
» leurs corps affamés [2] ». Il convient d'a-
jouter pour excuser cette fuite que Victor
n'avait pas été joint par le courrier qui lui
apportait l'ordre impératif de l'Empereur de
se porter sur Épinal, le porteur ayant été en-
levé par les coureurs de Pahlen [3].

Dès le 12 janvier, la 1re division (général
Jamin, remplaçant le général Dufour), se retira sur Gerbéviller ; la 2e (général Gérard et

1. *Mémoires du général de Ségur*, nouvelle édition,
tome III, page 108.
2. *Ibidem.*, page 108 et 109.
3. Commandant Weil, tome Ier, pages 151 et 152.

général Forestier succédant au général Dubreton) sur Xermaménil et Blainville, la 3ᵉ
(général Duhesme), sur Magnières, avec l'artillerie. La 2ᵉ division de dragons (général
Lhéritier) restait à Roville-aux-Chênes ; la
cavalerie légère de Piré, les Gardes d'Honneur du général de Ségur survenu sur ces
entrefaites et le 24ᵉ Léger, restés à Jeanménil,
formaient l'arrière-garde, groupés sous les
ordres du général Defrance. Le 13, dès
quatre heures du matin, ces troupes devaient
se replier, par Lunéville, sur Saint-Nicolas
du Port ; Victor les y avait précédées et avait
fixé son quartier-général à Lunéville.

Cette prompte décision de retraite s'impo-
sait, il faut bien le reconnaître ; le IVᵉ corps
renforcé par les Cosaques, tenait en forces
supérieures, la vallée de la Moselle, et le Vᵉ
corps s'avançait parallèlement dans la vallée
de la Meurthe ; ces deux colonnes n'opérant
pas d'ailleurs isolément, mais reliées entre
elles par la vallée de la Vologne inondée de
cavaliers, et ses flancs couverts par les masses
de l'armée de Silésie à droite et celles de
l'armée de Bohême à gauche.

Au même moment, du reste, Marmont exécutait un mouvement identique en repassant

la Moselle et en quittant Metz pour se rabattre sur Châlons, tandis que Mortier reculait
de Langres sur Bar-sur-Aube et Troyes ; l'in-
domptable Ney lui-même rétrogradait de
Nancy sur Toul, en vue d'une concentration
puissante vers Saint-Dizier ou Châlons, sous
l'impulsion directe de Napoléon [1].

Toutefois, il n'aurait pas fallu apporter une
telle précipitation dans cette retraite que l'ennemi, incertain de sa route, ébranlé par les
engagements de la veille, ne songeait guère
à inquiéter. C'est cependant ce que fit le maréchal Victor. Perdant de plus en plus la tête,
il ne se crut pas encore suffisamment en sûreté à Saint-Nicolas, où il avait craint de
se voir devancer par les Cosaques et il fit
ordonner à l'arrière-garde d'accélérer sa
marche. Elle devait partir de Dombasle-sur-
Meurthe le 13, à trois heures du matin ; il fit
avancer le départ d'une heure et le fixa à
deux heures du matin *très précises* [2] ; le 24e
Léger devait même partir dès une heure.
Quant à la cavalerie légère, il la lui fallait dès

1. Maréchal Ney au maréchal Berthier; de Nancy, 13 janvier 1814 (Archives Guerre).
2. Général de Grouchy au général Defrance; de Saint-
Nicolas, 13 janvier 1814 (Archives Guerre).

cinq heures du matin à Saint-Nicolas [1]. Les
dragons du général de Briche qui devaient
arriver à quatre heures étaient invités à rejoindre dès trois heures, ramenant sous leur
protection, l'artillerie du 5e corps de cavalerie (général Milhaud) et marchant en ordre
très serré [2].

Le maréchal Victor avait en outre des pré-
occupations pour Flavigny, seul point où
l'ennemi pût franchir la Moselle sur son flanc
et que défendait l'autre brigade de voltigeurs
de la division Meunier. Aussi ordonnait-il le
rassemblement sur ce point de masses im-
portantes ; la cavalerie de Piré occupait Saint-
Hilaire, Lupecourt, une partie de Flavigny et
de Richardménil ; les deux divisions de dragons cantonnaient à Dombasle et dans les villages voisins ; la 1re division d'infanterie à La
Neuveville et environs ; la 2e à Saint-Nicolas ;
la 3e à Varangéville ; seuls, les Gardes d'Honneur restaient à Lunéville s'éclairant du côté
de Blamont, de Baccarat et de Rambervillers [3].

1. Général de Grouchy au général Defrance ; de Saint-
Nicolas, 13 janvier 1814 (Archives Guerre).
2. Général de Grouchy au général de Briche ; de Saint-
Nicolas, 13 janvier 1814 (Archives Guerre).
3. Maréchal Victor à général de Grouchy ; de Saint-
Nicolas, 13 janvier 1814 (Archives Guerre).

Les approches ainsi préservées, il put réaliser son projet de se replier sous le canon de Toul qui devenait, dès ce moment, l'objectif de l'ennemi. Le lendemain, 14 janvier, des cosaques, des hulans autrichiens entraient dans Nancy, quelques minutes après que Grouchy venait d'en sortir. L'invasion était dès lors complète dans toute la région ; pas un soldat français ne se trouvait plus dans le département des Vosges, la colonne des généraux Cassagne et Rousseau ayant, depuis Charmes, gagné Bayon et Flavigny.

Grouchy n'avait plus d'autre souci, tout en surveillant les routes de Vézelise et de Vaucouleurs, que d'écouler le plus rapidement possible l'agglomération de cavalerie si imprudemment amoncelée par le maréchal Victor, sur un étroit espace, entre Nancy et Toul ; un tel encombrement était d'autant plus périlleux que le défilé qu'il fallait traverser pour se retirer par la forêt de Haye était long et resserré. La retraite s'accomplissait d'ailleurs dans de tristes conditions qui ne donnaient que trop raison aux gens enclins dès la première heure au découragement.

Les troupes, mal payées ou plutôt sans

paie, mal habillées, mal nourries, se répandaient en plaintes. Le froid était intense ; le pays ravagé ; les chemins effondrés sous les lourds affûts et les convois continuels ; la désertion, sous l'effet des indignes prédications de lâches français, commençait à gagner de proche en proche, et ce n'est pas seulement parmi les conscrits qu'elle exerçait ses ravages ; les vieux soldats aussi étaient atteints ; à Gondreville, 10 hussards d'élite du 3e régiment, et 11 chasseurs du 27e, passaient à l'ennemi, et c'était « tous vieux soldats excellents, alsaciens ou lorrains [1] ». Les chevaux, non ferrés à glace, glissaient par centaines sur des routes détestables ; la cavalerie perdait ainsi plus de 300 chevaux qui s'étaient cassé la jambe ou qu'on avait dû laisser en arrière, alors que les petits chevaux légers des cosaques, mal tenus, peu nourris, mais d'une endurance exceptionnelle, galopaient à merveille sur la glace ; alors que les chevaux de la cavalerie allemande étaient ferrés avec le plus grand soin. Le dénuement était extrême ; la dé-

---

1. Général Piré au général de Grouchy à Toul ; de Gondreville, 15 janvier 1814, 9 heures du matin (Archives Guerre).

tresse, même chez les généraux, régna au
point que Grouchy ayant réquisitionné
15,000 francs à Nancy, sur la signature du
maréchal Victor et la sienne, se les vit refuser
par le maire. Il dut faire amener devant lui
ce magistrat indigne, avec deux de ses ad-
joints, et les menaça ; la somme fut enfin
versée et l'on put remédier partiellement aux
besoins de l'armée [1] ».

C'est assez suivre la lamentable retraite du
2e corps d'infanterie et du 5e corps de cavalerie ; leurs opérations n'appartiennent plus
aux Vosges. Ce qui reste des défenseurs
des Vosges va livrer dans les plaines gla-
cées de la Champagne un suprême et glorieux effort, avant d'aller sonner l'agonie
sous les murs de Paris.

Mais si aucun soldat français ne foule plus
du pied le sol vosgien, il s'en fallait que nos
populations fussent délivrées des charges et
des douleurs de l'invasion. Trouvant le terrain libre devant eux, les IVe et Ve corps ennemis, toujours flanqués des cosaques de Platoff, affluaient de toutes parts, s'efforçant de

---

1. Général de Grouchy au maréchal Berthier ; de Toul,
15 janvier 1814, Maréchal Victor à l'Empereur ; de Toul,
15 janvier 1814 (Archives Guerre).

rejoindre le gros de leurs forces en vue de
la lutte formidable qui se préparait en arrière du plateau de Langres, dont Schwarzenberg commençait à escalader les rampes.

Le Vᵉ corps, avec de Wrède, la brigade
Habermann comme avant-garde, s'avança,
le 14 janvier, sur Rambervillers, puis sur
Lunéville où il fit sa jonction, le 15, avec le
VIᵉ corps (Wittgenstein). Tandis que celui-ci
continuait sur Nancy, de Wrède s'en revint
par Xermaménil, Bayon et Charmes, puis
traversant obliquement les Vosges par Mirecourt où il arriva le 18, Châtenois le 19,
Neufchâteau où il séjourna du 19 au 21 janvier, il alla par Andelot, Vignory et Joinville
reprendre sa place de bataille dans la grande
armée de Schwarzenberg.

Le IVᵉ corps (Prince-Royal de Wurtemberg)
avait lancé, le 12, un régiment d'infanterie et
un de cavalerie sur Rambervillers, puis il
avait quitté, le 13 janvier, Épinal, où il rem-
plaça une brigade bavaroise de la division
Rechberg, et se dirigea par Bains où il
parvenait le même jour, Fontenoy-le-Château, Vauvillers, Jonvelle et Jussey où il arrivait le 15, Bourbonne le 17 et Chaumont le
19 où il rejoignait l'armée de Bohême et se

confondait avec elle pour l'attaque des plateaux de Champagne.

Quant aux cosaques, de moins en moins
dirigés par l'incapable Platoff, qui demeura
longtemps immobile à Charmes, mais fortement entraînés par des lieutenants pleins de
feu et d'initiative, tels que Stscherbatoff, ils
envahissaient, dès le 14 janvier, Mirecourt,
le 15, Vézelise, puis le 16, avec Kaïssarow,
Neufchâteau où ils capturaient 2 canons et
ramassaient une centaine de fusils[1] ; le pont
n'avait même pas été détruit à leur approche. Un petit combat y eut lieu le 19 au
passage de la Meuse. Stscherbatoff poussait
de Vézelise une pointe sur Toul et escar-
mouchait, le 17, à Colombey-les-Belles, les
18, 19, 21 à Vaucouleurs avec les dragons à
pied de Milhaud. Il passait la Meuse le 21 à
Sauvigny et se dirigeait sur Gondrecourt,
Saint-Dizier et Eurville où il opérait, le
25 janvier, sa jonction avec les coureurs de
Blücher. Le gros des cavaliers de Platoff
s'acheminait sur Doulevant et Bar-sur-Aube,
où il parvenait les 23 et 24 janvier, en même
temps que les colonnes du IIIe corps (général Gyulai).

1. Commandant Weil : tome Ier, page 130.

Ainsi, malgré leurs lenteurs et leurs fautes, tout avait plié devant les Alliés. Il semblait qu'ils n'eussent qu'à caracoler autour des villes de Lorraine pour en voir les portes s'ouvrir spontanément. Napoléon, il est vrai, allait surgir, aussi fécond en ressources de génie, aussi fertile en heureuses et subites combinaisons qu'au temps presque fabuleux où sa jeune gloire venait d'éclore sous le beau ciel et l'ardent soleil de l'Italie. Mais il avait laissé s'enfuir l'occasion en abandonnant sans défense sérieuse les deux grands obstacles que la nature oppose, en Lorraine, à l'invasion, obstacles si faciles à rendre inexpugnables ; ce rempart, les pentes hérissées des Vosges ; et ce large fossé, le cours du Rhin. Ni les lignes de l'Aube, ni celles de la Marne ou de la Seine ne lui prêtaient un terrain aussi propice, un front aussi redoutable, une barrière aussi puissante.

Le Rhin et les Vosges cédés à l'ennemi, c'était la partie en Champagne, d'avance plus d'à moitié perdue. La grande route de France était ouverte à l'invasion.

FIN

APPENDICE

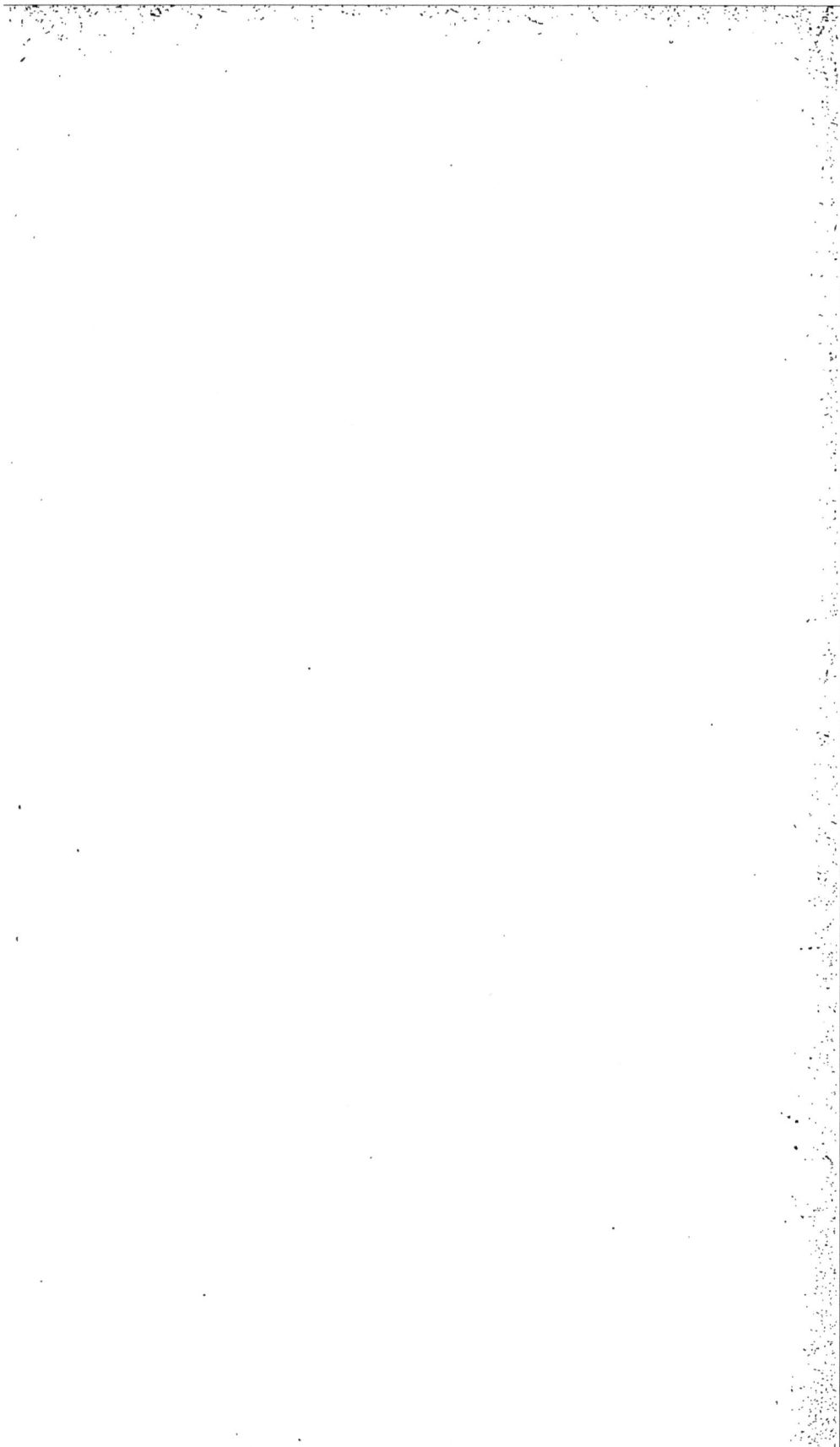

APPENDICE

Ordre de Bataille du 2ᵉ Corps d'Armée [1].

Commandant en chef : Maréchal Victor, duc de Bellune.

Chef d'état-major : Général Baillod, puis général Le Camus.

Sous-chef d'état-major : Adjudant-commandant Leroy-Duverger.

Commandant le quartier général : Adjudant-commandant Legay.

Commandant l'artillerie : Général Mongenet, puis général Charbonnel ; *Chef d'état-major :* Colonel Férey.

Commandant le génie : Major Brox ; *Chef d'état-major :* Commandant Boudnors.

---

1. Nouvelle organisation de l'armée ; lettre de Berthier à Clarke ; Paris, 25 décembre 1813 (Archives Guerre). Etat non daté (Archives Guerre).

Inspecteur aux revues : BLETTERIE, sous-inspecteur, faisant fonctions d'inspecteur.

Commissaire-ordonnateur des guerres : ROBINET, puis LAJARD.

Commandant la gendarmerie : Capitaine MARTEL.

———

1ʳᵉ DIVISION.

Commandant : Général DUFOUR, puis général JAMIN, par intérim.

Chef d'état-major : Adjudant-commandant RUELLE, puis DE LIMOZIN DE SAINT-MICHEL.

Sous-inspecteur aux revues : COLOMBET.

Commandant l'artillerie : Chef de bataillon REISSER.

1ʳᵉ brigade : Général HUGUET-CHATAUX [1] ;

2ᵉ brigade : Général CAVROIS :

> 24ᵉ léger : Colonel PLAZANET ; 19ᵉ de ligne : Colonel TRUPET ; 37ᵉ de ligne : Commandant HÉNON ; 56ᵉ de ligne : Colonel DELHAYE ; 61ᵉ et 111ᵉ de ligne.

———

2ᵉ DIVISION.

Commandant : Général DUBRETON, puis général FORESTIER, par intérim, puis général GÉRARD, puis général DE LA HAMELINAYE.

1. Gendre du maréchal Victor.

Chef d'état-major : Adjudant-commandant BÉDOS.

Sous-inspecteur aux revues : BÉNARD.

Commandant l'artillerie : Chef de bataillon GOSSE.

1re brigade : Général MINOT ;

2e brigade : Général TERRIER DE PALENTE :

    26e léger : Colonel DORNIER ; 18° de ligne : Colonel SANSET ; 46° de ligne : Colonel RÉGEAU ; 57e et 93e de ligne.

3° DIVISION.

Commandant : Général DUHESME.

Chef d'état-major : Adjudant-commandant Édouard BOYER.

Sous-inspecteur aux revues : X.

Commandant l'artillerie : Chef de bataillon DAUTY.

1re brigade : Général FORESTIER ;

2e brigade : Général GRENIER :

    7e léger ; 11° léger : Commandant SIGNORETTI ; 2° de ligne : Major PÉTEL ; 4° de ligne : Colonel MATER ; 72° de ligne : Colonel BARTHÉLEMY.

ARTILLERIE.

7e et 9e compagnies du 2e régiment à pied ; 2e, 5e, 7e et 22e compagnies du 9e régiment à pied ;

17ᵉ compagnie du 1ᵉʳ régiment à pied ; 6ᵉ compagnie du 3º régiment à cheval (30 officiers, 959 soldats).

———

GÉNIE.

2ᵉ compagnie du 2ᵉ bataillon de sapeurs ; 3ᵉ compagnie du 3ᵉ bataillon de sapeurs ; 3ᵉ compagnie du 5ᵉ bataillon de sapeurs (6 officiers, 147 soldats).

———

TRAIN DES ÉQUIPAGES.

Deux compagnies du 6ᵉ bataillon du Train ; une compagnie du 1ᵉʳ bataillon ; une compagnie du 12ᵉ bataillon *bis* ; une demi-compagnie du 5º bataillon ; une demi-compagnie du 6º bataillon *bis*.

———

Ordre de Bataille du 5ᵉ Corps de Cavalerie [1].

Commandant en chef : Général MILHAUD.

1ʳᵉ DIVISION.

(9ᵉ DE CAVALERIE LÉGÈRE.)

Commandant : Général DE PIRÉ.

1ʳᵉ brigade : Général SUBERVIE (3ᵉ hussards, 26ᵉ chasseurs).

2ᵉ brigade : Général DU COËTLOSQUET (14ᵉ et 27ᵉ chasseurs).

---

1. Nouvelle organisation de l'armée ; lettre de Berthier à Clarke ; Paris, 25 décembre 1813 et état non daté (Archives Guerre). L'état, donné par le général Koch, diffère quelque peu de celui-ci ; il désigne les divisions comme 3ᵉ de cavalerie légère, 3ᵉ et 4ᵉ de grosse cavalerie ; en outre, il ajoute le 13ᵉ hussards à la 1ʳᵉ brigade de la 1ʳᵉ division ; il place les 26ᵉ et 27ᵉ chasseurs dans la même brigade, et le 14ᵉ chasseurs avec les 3ᵉ et 13ᵉ hussards.

Pour l'ordre de bataille des IVᵉ et Vᵉ corps des armées alliées, consulter l'ouvrage du commandant Weil.

2ᵉ DIVISION.

(5ᵉ DE GROSSE CAVALERIE.)

Commandant : Général DE BRICHE.

1ʳᵉ brigade : Général DE MONTÉLÉGIER (2ᵉ, 6ᵉ et 11ᵉ dragons).

2ᵉ brigade : Général LUDOT (13ᵉ et 15ᵉ dragons).

3ᵉ DIVISION.

(6ᵉ DE GROSSE CAVALERIE.)

Commandant : Général LHÉRITIER.

1ʳᵉ brigade : Général GOURLEZ DE LAMOTTE (18ᵉ, 19ᵉ et 20ᵉ dragons).

2ᵉ brigade : Général COLLAËRT (22ᵉ et 25ᵉ dragons).

ARTILLERIE.

2ᵉ compagnie du 3ᵉ régiment à cheval.

TRAIN DES ÉQUIPAGES.

1ʳᵉ compagnie du 12ᵉ bataillon.

TABLE DES MATIÈRES

CHAPITRE PREMIER.

CHAPITRE II.

CHAPITRE III.

CHAPITRE VIII.

CHAPITRE IX.

APPENDICE.

CARTE
DES
Vallées de la Moselle
& de la Meurthe
EN 1814
D'APRÈS LES PLANCHES DE CASSINI
AU SERVICE GÉOGRAPHIQUE DE L'ARMÉE

FORÊT DE CHARMES

CHARMES

ÉPINAL

Échelle de dix mille toises

VERSAILLES

IMPRIMERIE CERF ET Cie

59, RUE DUPLESSIS

www.ingramcontent.com/pod-product-compliance
Lightning Source LLC
Chambersburg PA
CBHW072147270326
41931CB00010B/1921